民族之魂

修身养德

陈志宏◎编著

延边大学出版社

图书在版编目（CIP）数据

修身养德 / 陈志宏编著 . –– 延吉 : 延边大学出版
社 , 2018.4（2023.3 重印）

（民族之魂 / 姜永凯主编）

ISBN 978–7–5688–4535–9

Ⅰ . ①修… Ⅱ . ①陈… Ⅲ . ①品德教育－中国－青少
年读物 Ⅳ . ① D432.62

中国版本图书馆 CIP 数据核字（2018）第 069103 号

修身养德

编　　　著：陈志宏

丛 书 主 编：姜永凯

责 任 编 辑：孙淑芹

封 面 设 计：映像视觉

出 版 发 行：延边大学出版社

社　　　址：吉林省延吉市公园路 977 号　　邮编：133002

网　　　址：http://www.ydcbs.com　　E-mail：ydcbs@ydcbs.com

电　　　话：0433–2732435　　　传真：0433–2732434

发行部电话：0433–2732442　　　传真：0433–2733056

印　　　刷：三河市同力彩印有限公司

开　　　本：640×920 毫米　　　1/16

印　　　张：8　　　　　　　　字数：90 千字

版　　　次：2018 年 4 月第 1 版

印　　　次：2023 年 3 月第 3 次印刷

ISBN 978–7–5688–4535–9

定价：38.00 元

人有灵魂，国有国魂；一个民族，也有民族魂。

鲁迅先生曾经说过："唯有民魂是值得宝贵的，唯有他发扬起来，中国才有真进步。"

鲁迅先生以笔代戈，战斗一生，曾被誉为"民族魂"。

民族魂，顾名思义，就是一个民族的灵魂！民族魂，是一个民族的精髓，体现了一种民族的精神，是一个民族生存和存在的精神支柱。

什么是中华民族的民族魂？那就是中华民族精神！它是中华民族凝聚力的理念核心，是中华文明传承的基因。它包含热烈而坚定的爱国情感，对生活的美好愿望和追求，为目标努力奋斗的拼搏毅力，为正义事业不惜牺牲自己的精神，以及正确的人生观和价值观。

前 言

翻开浩瀚的中国历史长卷，我们可以看到数不胜数的，体现民族精神和民族魂的英雄人物和可歌可泣的感人故事。

民族魂，不仅体现在爱国主义精神和行动中，而且体现在各个领域自强不息的民族奋斗中。而中华民族精神的力量，更是深深植根于延绵几千年的传统文化之中，始终是维系中华各族人民共同生活的纽带，是支撑中华民族生存和发展的精神支柱，是不断推动中华民族前进的强大动力。

民族魂体现在"重大义，轻生死"的生死观中；民族魂体现在"国家兴亡，匹夫有责"的使命感中；民族魂体现在"我以我血荐轩辕"的大无畏精神中；民族魂体现在将国家利益置于最高的爱国情怀中！

　　纵观中华五千年文明史，曾经有多少杰出的政治家、军事家、思想家、文学家、科学家、艺术家；曾经有多少忧国忧民、鞠躬尽瘁的仁人志士；曾经有多少抗击外敌、英勇献身的民族英雄。他们或顺应历史潮流，积极改革弊政，励精图治，治国安邦，施利于民；或为人类进步而不断进行着农业、工业、科技、社会等各种创新；或开发和改造河山，不断创造着灿烂的中华文明；或英勇反击外来侵略，捍卫着国家主权和民族尊严；或坚决反对民族分裂，维护国家的统一……他们从不同的侧面，体现了中华民族的民族魂，谱写了几千年中华文明的壮丽诗篇，铸造了中华民族高尚而坚不可摧的"民族之魂"。

　　民族魂，就是爱国魂。 从屈原在汨罗江边高唱的《离骚》，到文天祥大义凛然赴死前的"人生自古谁无死，留取丹心照汗青"的诗句；从岳飞的岳家军抗击入侵金兵，到郑成功收复台湾；从血雨腥风的鸦片战争，到硝烟弥漫的十四年抗战，再到抗美援朝的隆隆炮声……哪个为国捐躯的英雄不是可歌可泣的？

　　民族魂，就是奋斗魂。 从勾践卧薪尝胆，到司马迁秉笔直书巨著《史记》；从鉴真东渡传播佛法终在第六次成功，到詹天佑自力更生建铁路；从袁隆平百次实验成为"水稻之父"，到屠呦呦的青蒿素获得诺贝尔奖……哪个不是历经艰难，最终取得成功？

　　民族魂，就是改革献身魂。 从管仲改革到商鞅变法；从王安石变法到百日维新……哪次变法图强不是要冲破

民族之魂

旧势力的阻挠，或流血牺牲？

民族魂，就是创新魂。古有毕昇发明活字印刷，今有王选计算机照排；古有指南针、造纸术、火药、浑天仪、地动仪的发明，今有神舟号的相继飞天……哪个不是中华民族的智慧结晶？

自古以来，多少仁人志士为了维护人格的尊严和民族气节，以生命为代价！留下了"玉可碎不可污其白，竹可断不可毁其节"的称颂；有多少英雄豪杰，为理想和事业奋斗，面对死亡的威胁，大义凛然；有多少爱国壮士面对侵犯祖国的列强，挺身而出而献出生命。

伟大的中华民族孕育了五千年的辉煌，五千年的历史留下了璀璨的中华文明。

前 言

中国人的血脉流淌着顽强不屈的精神！我们的先辈用血汗和生命铸就了不朽的中华民族魂！换得如今中华大地的一片祥和安宁，换得我们现在的幸福生活。如今，我们要实现习近平主席提出的中国梦，依然需要我们秉承祖辈留下的这种"民族魂"。

青少年是国家的希望，亦是民族的未来。因此，爱国主义教育和励志图强教育要从青少年开始。为了增强对青少年的民族精魂和志向教育，我们精心编写了本套丛书——《民族之魂》丛书。

本套丛书将我国有史以来体现民族精神和民族魂的典型事迹，以通俗易懂的语言故事形式展现出来，适合青少年的阅读水平和欣赏角度。书中提供的人物和事件等故事，涉及社会的各个方面，有利于青少年学习和理

解，使读者能全方位地领悟中华民族精神。

为了帮助读者更好地理解和吸收故事的精神，编者在每篇故事后还给出了"心灵感悟"，旨在使故事更能贴近现实社会，让读者结合自身的需要学习领会，引发读者更深入的思考。

希望读者们可以从本套图书中获得教益，通过阅读，真正体会到中华民族之魂所在，同时能汲取其精华，不断提升自己各方面的素质和品格，为祖国新时代的建设和发展做出努力。

全套丛书分类编排，内容详尽，风格独具，是广大读者尤其是青少年爱国励志教育的优秀阅读材料。相信本套丛书一定可以成为青少年朋友的良师益友。

民族之魂

导言

　　善，就是美。《说文》解释为："羊，祥也，吉也。与美、善同意。"善，是在事物给人们带来好处和利益后，人们对事物作出的一种正面认识和评价。对每一个人来说，"善"不单指单纯善良，还指一个人内心的宽容、思想的博爱，以及与人与物的忍耐。《三字经》开篇就是"人之初，性本善"之语。孟子也道："人性之善也，犹水之就下也。人无有不善，水无有不下。"几千年来，人性本善的思想可谓深入人心，成为中华民族美德的重要基础内容之一。

　　人的本性是什么？《三字经》里有"性相近，习相远"。意思为，人的本性先天本来差别不大，是后来的环境改变了每个人的思想和行为习惯。关于人的本性到底是什么，学术界争论了两千多年，各有各的命题，各有各的论据。但就多数国人和社会的广泛认识来说，人性本善论被社会普遍接受。

　　人性向善是中国思想文化中的重要组成部分。儒家讲仁义道德，佛家讲普度众生，道家讲修养真性，都是人性向善的一种体现。人性向善也表达了中华民族先人对自身和谐、人际和谐的理解和向往，成为

2000 年中华民族衡量和评价事物的准则。

在改革开放后的今天，人性向善依然有十分重要的现实意义。党中央提出的《公民道德建设实施纲要》和"八荣八耻"的核心，从一定意义上说就是提倡和落实人性向善的思想。

与人为善，表现在实际生活中，就是设身处地地换位思考；就是严于律己、宽以待人；就是尊老爱幼、急公好义；就是真诚友善、助人为乐。善待他人也是善待自己，与人为善有益身心健康。在现代社会，人性向善仍是中华民族应该提倡和遵守的美德之一。为善依然受到社会广泛而充分的肯定，我们讲"法治"，也讲"德治"，就是要人们净化心灵。

本书中，我们精心选编了一些体现"人心向善"精神的经典事例，希望读者通过阅读此书，可以更深刻地理解它的内涵意义，从中受到启迪和教益。在自己的日常生活和学习工作中，可以以他们为楷模，做到真诚秉直，善待他人，不断地完善自我，提高自身的修养，陶冶自己的情操，成为一个纯粹的人，一个有道德的人，一个脱离低级趣味的人，一个有高尚品德的人。

目录
CONTENTS

第一篇
宽以待人心慈善

齐桓公悉听老人言

齐桓公（？—前643），名小白，中国春秋时期齐国的国君，"春秋五霸"之首，公元前685至前643年在位。他在位期间，任用管仲为相，使齐国国力逐渐强盛，成为天下诸侯的盟主。

春秋时期，齐桓公一次在麦丘（今山东商河县西北）打白鹿时遇见了一位83岁的老翁，桓公羡慕老翁高寿，与他喝酒，并问老翁说："为什么不向我祝福呢？"老翁回答说："我是个大老粗，不知道如何为国君祝福！"桓公说："就借用你的高寿来为我祝福吧！"老翁举杯拜说："祝我们的国君万寿无疆。金玉是不值钱的，而百姓才是无价之宝啊！"桓公高兴地说："这是多好的祝福啊！我听说高尚的品德一定不止这一点，好话必有第二句，请老先生再说说吧！"老翁又举起了酒杯，再拜说："祝我们的国君勤奋学习，不耻下问，希望在您的周围都是四方的贤士，并且敢于给您提意见的人能得到重用。"桓公更高兴地说："多好的祝福啊！高尚的品德一定会不止这一点，好话应该还有第三句，请老翁再说说吧！"老先生又举杯再拜说："不要让群臣和百姓得罪我们的国君，也不要让我们的国君得罪群臣和百姓。"桓公听了这第三句话，很不高兴，脸色都变了，说："老先生，快改掉这句话吧，它可没有前两句好。"听了桓公的话，老先生老泪纵横，伤心地说："国君啊！请您再仔细地想一想，这一句可是最好、最重要的话啊！我听说，如果儿子得罪了父亲，可以由母亲、姑母、姐妹去向父亲请罪，得到父亲的宽恕；如果臣子得罪了国君，可以由国君身边的人向国君请罪，得到国君的赦免。而夏桀得罪商汤，殷纣得罪了武王。这是国君得罪了臣子，到现在，他们的罪，还是不能赦免。"桓公情不自禁地说："太好了，太好了！托祖宗的福，靠神灵的保佑，让我在这里遇见了你。"于是，桓公恭恭敬敬地扶老翁上座，并且亲自驾车送他回朝，还用隆重的礼节接待，并请他来决断朝政的大事。

■故事感悟

齐桓公在与高寿老人对饮时，因老人的祝酒词不对心思，颇有微词。但作为君王来说，他并没有发作，而是耐心听从老人解释，最后认为老人说得对，庆幸自己遇见了贤人。由此可见，齐桓公能够虚心听取别人的意见，而且心地善良，是一位明君。他能正确对待人与事，因此才有所作为。

■史海撷英

古代的九州

先秦著作《尚书·禹贡》《周礼·职方》《吕氏春秋·有始览》《尔雅·释地》均有九州的记载。

九州是我国传说中的上古行政区划。相传在四五千年以前，发生了一次特大的洪水，人们被迫向山顶、高地迁徙。后由大禹采用疏导河道的方法，才治服了洪水，所以周人都把大地看成是禹平定的，有"禹迹"之称。他们又认为是大禹把天下分作九个区域，让后人居住，于是就有九州之名。但此时，九州并不是一个有具体范围的名称，所以在西周金文和《诗经》等资料中，除九州外，还有九有、九围、九隅等名称，这里的"九"也只是表示"多数"之意。

春秋战国时期，各诸侯国极力向外开拓土地。齐国向东，晋、赵、燕向北，秦国向西，楚国向南。土地由中原越来越向边缘地区扩展，中原人民越来越向边区迁徙，于是就有"海内之地，方千里者九""中国"等概念出现。

但先秦著作中的九州不尽相同，各书中划分九州的依据、名称及区域大小也都不一样，这里以《禹贡》为例，说明九州的划分情况。

冀州：今山西、河北、辽宁，西、南、东三面距河。山有壶口（山西吉县西北，陕西宜川县东北）、梁山（陕西韩城）、岐山（陕西岐山县东北古名天柱山），川有衡漳（漳水）、恒（唐河）、卫（灵寿以下滹沱水）。

兖州：今河北、河南、山东交界部分，济水、黄河之间。川有九河（黄河下游分支，九指多数）、灉水（黄河支流）、沮水（济水支流）。

青州：今山东、辽宁东部，渤海与泰山之间。川有潍水、淄水、汶水（大汉河）。

徐州：今山东南部，江苏、安徽北部，黄海、泰山、淮河之间。山有蒙山（山东蒙阴县南，一名蒙阴山）、羽山（山东郯城县东北）。川有淮水、沂水。

扬州：今江苏、安徽南部，江西东部，淮河以南东至海。水有彭蠡（鄱阳湖）、震泽（太湖）。

荆州：今两湖及江西西部。山有荆山（湖北南漳县境）、衡阳（湖南衡山县西，一名岣嵝山），水有江汉（嘉陵江）、沱水（江水支流）、潜水（汉水支流）。

豫州：今河南、湖北北部，荆山（湖北南漳县）与黄河之间。水有伊、洛、瀍、涧等四水。

梁州：今陕西南部和四川，华阳（陕西华阴县南）与黑水（陕西城固县北）之间。山有岷山（四川松潘县北）、嶓山（陕西宁强县北嶓冢山）、西倾山（青海同德县东北）、蔡山（无考）、蒙山（四川宝兴县习北），川有沱水、潜水。

雍州：今陕西北部、中部和甘肃及其以西地方。自秦岭以北，东至黄河，西界在甘肃以西。山有荆山（陕西朝邑县西北北条荆山）、岐山（陕西岐山县东北）、终南山（秦岭）、鸟鼠山（甘肃渭源县西南、陇西县西）、三危山（甘肃敦煌县东南），川有弱水（甘肃张掖河）、泾水、渭水、漆水、沮水、沣水。

《禹贡》九州中，除了叙述著名的山川治理经过外，还记述了土壤、田地、物产、运输道路及各地的部落。

先秦著作中的九州都是理想区域。战国时期虽有九州名称，但实际没有实行过这种制度。公元前221年，秦始皇统一中国，全国实行郡县制，设立36个郡，没有州制。后来，汉武帝"独尊儒术"，才根据《禹贡》和《周礼·职方》的记载，分全国为13个州。最初只是监察机构，直至西汉末，州才形成一级行政机构。

□ 文苑拾萃

"中国"一词的来历

"中国"一词，现在为中华人民共和国的简称。但在我国古代文献中不是这样，随着它所指的对象和时间不同，其含义也就有所不同。

"国"字在我国古代当作"城"或"邦"解释，因此，"中国"一词也就成了"中央之城"或"中央之国"的代名词。"中国"一词最早见于周代文献，当时根据所指的对象不同而有不同的含义。

一是指京师（首都）而言。如《诗经·民劳》记载："惠此中国，以绥四方。"注释说："中国，京师也。"又据《孟子·万章》记载："尧崩，三年之丧毕，舜避尧之子于南河之南。天下诸侯朝觐者，不之尧之子而之舜；讼狱者，不之尧之子而之舜；讴歌者，不讴歌尧之子而讴歌舜，故曰天也。夫然后之中国，践天子位焉。"（帝尧逝世后，三年的丧礼完毕，尧的助手和指定的继承人舜为了把王位让给尧的儿子丹朱，跑到黄河南面去躲避。可是来朝觐的天下诸侯都不去朝见丹朱而来朝见舜；所有打官司的人都不去丹朱那里而来请舜裁决；所有讴歌者都不去歌颂丹朱而来歌颂舜，所以说这是天意。舜这才得到中国，登上了天子之位。）刘熙注释说："帝王所都为中，故曰中国。"

二是指天子直接统治的王国，因其地处诸侯万国之中。如《诗经·荡》讽刺周厉王暴虐说："内奰于中国，覃及鬼方。"（对内激怒中国人民，一直扩展到边远的鬼方部落。）后来由此引申，凡是天子（皇帝）直接统治的地区，都称之为"中国"。又如三国时诸葛亮对孙权说："若能以吴越之众与中国抗衡，不如早与之绝。"唐朝韩愈《上佛骨表》中有："夫佛者，夷狄之一法耳，自后汉时流入中国，上古未尝有也。"总之，随着皇帝统治的疆土增长，"中国"一词所包含的范围在不断扩大。到了清代，处于清政府管辖下的全部领土，便都以"中国"作为它的代名称了。

三是指中原地区。《孟子·滕文公》记载："陈良，楚产也，悦周公、仲尼之道，北学于中国，北方之学者未能或之先也。"（陈良，生于楚国，喜欢周公、孔子讲述的道理，北到中国来求学，没有听说北方的学生有比他学习成绩好的。）《史记·南越尉佗列传》有"闻陈胜等作乱，……中国扰乱，未知所安"的记载。又《东越列传》："东瓯（在今浙江省南部）请举国徙中国，乃悉众来处江、淮之间。"这些记载里的"中国"都是指中原地区。

四是指国内、内地。如《谷梁·昭公三十传》记载："中国不存公。"即季孙不让鲁昭公在国内存身。注释说："'中国'，犹国中也。"《史记·武帝纪》中有："天下名山八，而三在蛮夷，五在中国。"（天下的名山共有八座，其中三座在少数民族地区，五座在内地。）直到清代，仍有以内地作"中国"的。如陈鼎在《滇游记》中说：云南省"楚雄、姚安、开化三郡，……诸生皆恂恂儒雅，敬慕中国"。又如吴振臣《宁古塔纪略》云："其绅士在彼者，俱照中国，一例优免。"清末，人们还常把内地十八省（或加上东三省）叫作"中国"，而与边区相对称。

五是指诸夏族居住的地区。我国自古以来就是一个多民族的国家，在我们的祖先诸夏族的周围，居住着许多兄弟民族，于是人们便把诸夏地区称之为"中国"。如《论语·八佾》中有："子曰，夷狄之有君，不如诸夏之亡（'亡'，即无）也。"《集解》："诸夏，中国也。"

六是指诸夏或汉族建立的国家。人们又把诸夏族及汉族建立的国家称为"中国"。如《谷梁传·僖公二年》："中国称齐、宋，远国称江、黄。"又如《史记》中的《齐太公世家》《天官书》《匈奴列传》等篇也都是把诸夏或汉族建立的国家称为"中国"。所以自汉代开始，人们常常把汉族建立的中原王朝称为"中国"。这不仅仅是汉族自己，而且兄弟民族政权也是如此称呼。

正因为古代"中国"一词指中原地区或汉族建立的王朝，所以，当少数民族入主中原之后，便以"中国"自居；而汉族建立的王朝虽然迁离了中原地区，仍自称为"中国"。例如在南北朝时期，南朝自称为"中国"，而把北朝叫做"索虏""魏虏"；北朝也自称为"中国"，而把南朝叫做"岛夷"。又如在宋代，辽与北宋，金与南宋，彼此都自称"中国"，而互不承认对方为"中国"。

总之，我国古文献上的"中国"一词，或指京师（首都），或指中原地区，或指内地，或指诸夏族和汉族居住的地区，或指中原王朝，所以，历史上的"中国"不等于今天中国的范围。

钟离牧种稻送陌生人

钟离牧(生卒年不详),字子干,会稽山阴(今绍兴)人,东吴武将,汉尚书仆射钟离意七世孙。少年时与谢赞、顾谭齐名,被封为左中郎将、侍中。蜀汉投降曹魏之后,前往前线武陵郡任太守,压制异族之乱。平定之后转公安督、濡须督。

三国时期,吴国将领钟离牧当官前曾在永兴居住,那时他身强力壮,看到有荒芜的田野,便亲自开垦种下了20多亩粮食。临近收割,来了一位县民说这块地是他的,钟离牧解释说:"我只是因为看到这块地荒了可惜,才开垦出来种上粮食,不是要占你的田地。"说完便将收获的稻谷统统送给了县民。县令听到此事很生气,因钟离牧还是汉朝鲁相钟离意的第七代孙,怎么能被这种无赖欺负呢?他把那个县民拘捕入狱,要绳之以法。钟离牧听说后,马上赶来为县民求情,可县令不答应,说:"你羡慕前贤,学他那样种谷赐与别人,行仁义之事,这我无可非议;但我身为一县之主,应以法度治理民众,对这种不知廉耻之人,怎能不按法处理呢?"钟离牧说:"这是郡边,你可管可不管,我是受你邀请才来暂住一时。如果为一点点稻谷,你就要杀一位县民,我还能忍心住下去吗？"于是他整装准备离开永兴。县令见此情景，便亲自前去挽留，并放了那位县民。县民事后感到十分惭愧，便带领妻子儿子，将所有的稻谷送还给钟离牧，可钟离牧闭门不收。

■故事感悟

钟离牧能把自己种的粮食给一个不相干的人，说明他不但心地善良，而且十分宽厚。事情不大，却十分说明问题，如果此事放在另一位官员身上，恐怕结果就不一定是这样了。

■史海撷英

北魏的"六镇"

北魏是4世纪末至6世纪初我国北方少数民族拓跋鲜卑建立的一个王朝，前期建都于平城（今山西大同市东北郊）。为了充实首都及其北部（今内蒙古中部）的人力和物力，拓跋鲜卑统治者就把在战争中掳掠的人口都安置在这个地区，从事农业或游牧。于是，这里除了拓跋鲜卑人之外，又聚集了许多汉人和徒何（即慕容鲜卑）、杂胡（匈奴、羯等）、敕勒（一名铁勒、高车）等少数民族。为了镇压被征服人民的反抗，拓跋鲜卑统治者在境内各军事重地遍设军镇。军镇的长官——镇将不但管军，而且管民。于是，军镇也就成了一种军政合一的政权机构。后来，内地的军镇都改成了州，即变成了民政机构，唯独北部诸镇为了满足防卫北方柔然南下和镇压当地人民反抗的需要而保留了下来。

北魏时期，北部的军镇自西至东依次为高平镇（今宁夏固原）、薄骨律镇（今宁夏灵武西南古黄河沙洲上）、沃野镇（今内蒙古五原东北）、怀朔镇（今内蒙古固阳西南）、武川镇（今内蒙古武川县西之土城）、抚冥镇（今内蒙古四子王旗东南土城子)、柔玄镇(今内蒙古兴和县台基庙东北)、怀荒镇(今河北张北县)、抚夷镇(今河北赤城北)。所谓北魏时期的"六镇",是指北魏末年首先掀起人民大起义的沃野、怀朔、武川、抚冥、柔玄、怀荒等六镇,它们有的位于今内蒙古的中部。

在北魏前期,由于北方六镇是首都平城的屏障,深受朝廷的重视,镇将都是由皇帝亲信而且能干的贵族担任,镇兵也多是征发拓跋鲜卑人或中原地区的高门强宗的子弟。

■文苑拾萃

侨州郡县

实行侨州郡县是东晋、宋、齐、梁、陈行政区划的一大特点。"八王之乱"后,中原地区战争频繁,领地也相继为匈奴、羯、氐、羌、鲜卑等族的贵族占领。黄河流域的汉族世家为了逃避少数民族的统治,带领一般群众以宗族为单位,成百、成千、成万地集体流徙到南方,南朝政府就按他们原籍的州名、郡名、县名成立州郡县来管理他们。这种因甲地沦陷,从甲地流徙到乙地居住,从而在乙地建立起甲地的州郡县,就叫侨州、侨郡、侨县。或者换句话说,因家乡沦陷,从家乡流徙到外地居住,在外地建立起家乡的州郡县,这样的州郡县,就叫作侨州郡县。

夏原吉位高权重心慈善

夏原吉（1367—1430），字维喆，汉族，湖南省湘阴人，祖籍德兴，明初重臣。早年丧父，遂力学养母。以乡荐入太学，选入禁中书制诰，以诚笃干济为明太祖朱元璋所重。建文时先户部右侍郎，后充采访使。任内政治清明，百姓皆悦服。靖难之役后，成祖即位，委夏原吉以重任，与蹇义并称于世。成祖后又相继辅佐仁宗、宣宗二帝，政绩卓越。宣宗宣德五年卒，年65岁。赠太师，谥号忠靖。

明朝户部尚书夏原吉待人宽厚，喜怒不形于色。永乐年间，为了治河，他曾到过昆山，寄居千墩禅寺。夏原吉身居高位，但不摆官架子，住所里不设仪仗、侍从。一次，几个农民到寺中游玩，夏原吉正在室内看书，他们不知他就是夏原吉，就随便地坐在他的身旁。过了一会儿，这些农民又到别处游玩，见一僧人就问道："尚书大人在哪？"僧人说："屋里看书的人就是啊！"这些人听了慌了手脚，赶忙溜走了。夏原吉对此并不在意。

一天，厨师准备了复原吉喜欢吃的猪肝，可吃饭时他一直没吃。厨师十分奇怪，当他们把猪肝分吃后，才知道咸得没法吃，而夏原吉什么都没有说。杨东里为夏原吉写的神道碑中说:"仆隶弄脏了他的织金赐衣,下属碰碎了他所喜爱的砚台,他都没有发怒。"当时,人们称他有宋朝王旦、韩琦那样的肚量,这实在不是过分的赞誉。

🔲故事感悟

夏原吉身为户部尚书,一点儿官架子也没有,不扰民、不摆谱、平易近人。在下人犯错时,他也不发怒、不处罚,他的仁厚和宽宏为世代称颂,是我们学习的榜样。

🔲史海撷英

天津的由来

天津原名直沽,沽的意思是指"小水入海"。最早见于《汉书·地理志》渔阳郡下:"沽水出塞外,东南至泉州入海。"泉州城即今天津市西北武青县城上村,一直是汉以来水运要冲及产盐重地。西汉在全国设盐官的共38个郡县,泉州是其中之一。三国时,曹操为了北征乌桓,先后开凿平虏渠和泉州渠,其中泉州渠就是以泉州而命名的。到了宋朝,海河曾是宋辽的界河,今天津市泥沽、双巷、小南河曾是北宋防御设砦(寨)重地,金时正式称为直沽。据《金史》记载,金宣宗命完颜佐为都统,"戍兵直沽",说明金时直沽的地位已相当重要。"直沽"即今天津市区狮子林桥附近,位于海河、卫河、子牙河三水汇聚之处,故也称三汊口。由于直沽位于三汊河口,濒海临河,具有河港海港的作用。此外,它利于捕鱼业的发展,且地势高于海河沿岸,水患威胁小,这对生产力受一定限制的古代居民点形成是一个重要的条件。由于直沽具有上述的特点,人口日益增多,成为天津市区最早聚落基点。

宗悫宽厚待人

宗悫(生卒年不详),字元干,南阳涅阳人。他从小就有远大的志向,精心刻苦地练武,直到练成了才对他哥哥说:"我有了本事,就可以乘长风破万里浪。"("乘风破浪"这个成语,就是从这里来的)。后来宗悫真的成了一位赫赫有名的大将军。

宗悫待人宽厚,从不计较个人得失。他有个同乡,名叫庾业,家里拥有良田千顷,生活极端奢侈,每次请客,山珍海味应有尽有。还在宗悫不怎么出名的时候,有一次,庾业请宗悫吃饭,只准备了粗糙的小米饭和萝卜白菜。庾业还故意对别的客人说:"宗悫是个武人,吃惯了粗菜淡饭,所以我不敢用别的饭食招待他。"庾业的目的是有意取笑一下出身贫寒的宗悫,但宗悫并不在乎这些,照样吃得津津有味,向庾业道了谢才走。后来,宗悫做了豫州刺史,庾业恰好是宗悫的部下,可宗悫并不计较当初庾业对自己的取笑,对他仍然很客气。庾业多次对自己当初的不礼貌表示歉意,可宗悫听了总是笑着说:"过去的事情就不要再提了,那次不是吃得很香,也没有噎着嘛!"

又过了几年，宋文帝的第六个儿子竟陵王刘诞阴谋夺取帝位，他四处扬言："宗悫是我的得力助手，我一起兵，他就会来帮助我。"宗悫听说刘诞盗用自己的名义招摇撞骗，十分气愤，立即请求孝武帝派他去捉拿刘诞。孝武帝派他跟主将车骑大将军沈庆之去平定叛乱。到了刘诞盘踞的广陵（今江苏省清江市）以后，宗悫骑马绕城大喊："我是宗悫，奉命来捉拿叛贼！"刘诞听了，大吃一惊，赶快派兵加强防守。沈庆之和宗悫很快攻破了广陵城，活捉刘诞，并将他斩首示众。

这次宗悫立了大功，成为刘宋朝里一位大名鼎鼎的将军。

■故事感悟

宗悫是一个心地善良的人，在小事上从不计较。但在关乎是非的大问题方面，他却爱憎分明，立场坚定，丝毫不讲情面。他的善良只是对平常人而言，而不是对敌人，这也是他的性格使然。

■史海撷英

乘长风破万里浪

刘宋初年，有抱负、有理想的少年宗悫从小跟叔父宗少文读书。宗少文很有学问，但是自命清高，不想做官。他见宗悫很机灵、有心计，有一天就问宗悫说："你长大想干什么？"小宗悫见叔父问他，微微地昂起头，毫不犹豫地回答说："愿乘长风破万里浪。"这句话的意思是说，他要利用有利的条件，冲破一切困难，干一番伟大的事业。这句话也表达了小宗悫的远大志向，可宗少文以为侄子将来想做大官，就骂道："你这小子，尽想着钻到那污浊的官场里去，将来不富贵，就一定要败我的家！"宗少文看不惯当时腐败的政治，不愿意做官，也不愿意侄子混入这污浊的官场里去。小宗悫虽然被叔父误解了，可他并没有辩解。他有自己的理想、抱负，想做一个有才能的将军，带领着千军万马，去冲锋陷阵，为国家立功。

成吉思汗的好友孛斡尔出

孛儿只斤·铁木真（1162—1227），蒙古族，世界历史上最伟大和杰出的政治家、军事家。1206年他被推举为蒙古帝国的大汗，统一蒙古各部。在位期间，多次发动对外征服战争，征服地域西达西亚、中欧的黑海海滨。庙号元太祖。

铁木真是一个蒙古贵族家的长子，9岁时，父亲被仇家害死。从此家境破落，生活贫困。他的母亲诃额仑靠拾野果、挖草根，艰难地养大了自己的5个孩子。

铁木真13岁时，有一天，家里的8匹骟马被贼抢去了。对于铁木真家来说，这是一个很大的损失。于是，铁木真自告奋勇地骑马去寻找。路上遇到一个少年正在挤马奶，了解到铁木真的情况，非常同情他。他给铁木真换下了疲惫不堪的坐骑，又给他带了很多食物，然后对他说："你的生活这样艰难，我们男子汉的艰难和责任都是一样的，我愿意做你的朋友，我叫孛斡尔出，我和你一起去找马吧！"他们走了三天，又经过一场厮杀，终于找回了那8匹马。铁木真很感激他，回到孛斡尔出的家，执意要留下几匹马作为酬谢。孛斡尔出一再推辞，说："我是看你有困难才来帮你，这完全是我自愿的，怎么能要你的东西？我家里很富有，父亲只有我一个儿子，所有的财产将来都是我的。我们是朋友，如果接受了你的酬谢，我还跟你做朋友干什么？"孛斡尔出的父亲纳忽伯颜看到儿子交了一个新朋友，十分高兴，对他们说："你们两人要团结，要互相关心、帮助，千万不要互相争斗，遗弃对方！"

从此，铁木真和孛斡尔出成了有难同当、有福同享的最亲密的伙伴，他的一生都和铁木真的事业紧密地联系在一起。

1206年，铁木真统一蒙古各部族，被推举为蒙古大汗，人称"成吉思汗"。他把从少年时代起就与他做伴，以后又随他出生入死打江山的孛斡尔出封为右翼万户。在封赏的仪式上，成吉思汗深情地回忆了他们相识、相知的往事，他说："我小时候去找马遇见你，你就和我做伴。你的父亲有家财，为何与我做朋友呢？因为你是个很重义气的人。后来你又与我并肩战斗，行军中遇雨，你披着毡袍，一动不动地站立着为我挡雨，让我休息。对于我做的事，正确的，你鼓励我，帮助我去做；错误的，你批评我，阻止我去做。你是我最好的伙伴，是我的左膀右臂，你得到这样的赏赐是当之无愧的！"

正因为有孛斡尔出这样一些忠诚的朋友的辅佐，成吉思汗才能在很短的时期内征服了为数众多的文明民族和国家，并以他卓越的军事才能和赫赫战绩震惊世界。

■故事感悟

成吉思汗无意间与孛斡尔出相识，此后成为朋友。孛斡尔出一生追随成吉思汗出生入死，帮他夺取了江山。从故事中，我们看到了孛斡尔出的善良、热情、真诚，同时也为成吉思汗拥有这样的朋友而感到高兴。

亲卫军

为确保至高无上的汗权，成吉思汗建立了一支强大的由大汗直接控制的常备武装——亲卫军。亲卫军是一支国家常备军队，也是皇家的忠实卫队。成吉思汗很清楚建立一支精悍的、忠实于自己的亲卫军，对于保存和发展自己的势力具有非常重要的作用。成吉思汗以自己的独特方式，树立起了皇权的威严，还规定了严格的护卫轮流值班制度。成吉思汗令其最亲信的四杰——博尔忽、博尔术、木华黎、赤老温四家世袭担任四个护卫之长，地位居于千户那颜之上，担任着中央政府的职能。他们还常作为使者出外传达旨意，处理重大事务，其调任外官，多担任重要职务。因此，充任卫士成为那颜阶级做官的最便捷的途径。由于这些兵士又都是各千户、万户、百户长的子孙，成吉思汗就把他们控制在自己身边，同时也是为了控制住各级官吏。亲卫军成为成吉思汗整个大蒙古国军事力量的核心，也是他对外征战时最精锐、最可靠的中军。

蒙古文字

成吉思汗建国以前，蒙古人还没有文字，靠结草为记或刻木记事。成吉思汗在消灭乃蛮部落之后，起用了乃蛮可汗掌管印章、精通本国文字的畏兀儿人塔塔统阿。塔塔统阿用畏兀儿文的字母来拼写蒙古语，创造了蒙古文字。成吉思汗命令全蒙古贵族的子弟都要向他学习文字，并用它发布命令、登记户口、编集成文法（大札散）、记录所办案件等，成为加强统治的重要辅助手段。

明成祖结好浡泥国王

> 明成祖朱棣（1360—1424），明朝第三代皇帝，1402至1424年在位。明太祖朱元璋第四子，生于应天，时事征伐，受封为燕王。后发动靖难之役，起事攻打侄儿建文帝，夺位登基。死后原庙号为"太宗"，100多年后由明世宗朱厚熜改为"成祖"。明成祖的统治时期被称为"永乐盛世"。

中国与文莱（浡泥国）人民之间的友好往来，具有悠久的历史。

明代朱元璋建国后，于洪武二年（1370年）八月主动派出都监院御史张敬之和福建行省都事沈秩出使浡泥国。他们在海上航行历时7个月，经暗婆国（即今印度尼西亚之爪哇岛）后抵达该国。双方经过亲密交谈，进一步促进了两国人民间的友好往来。

第二年八月，浡泥国王马漠沙派出专使，随同张敬之等同来我国回访，得到了太祖朱元璋的厚礼相待。明永乐三年（1405年），麻那惹加那乃接任王位，又遣使来华，受到了明永乐帝朱棣的盛情款待。

当时，浡泥国正遭受暗婆罗国的侵略，但不堪忍受其政治压迫和经济勒索，又鉴于明朝对外奉行友好的国策，在浡泥国访华使节返国后，浡泥国王麻那惹加那乃亲率王后、王子及王弟、妹、王亲和陪臣等150人组成的代表团，专程来中原进行友好访问。消息传来，明成祖朱棣特派专使前往福建泉州迎接。明永乐六年（1408年）八月乙未日，浡泥国代表团来到了大明王朝的首都南京。当天，明永乐帝朱棣在内宫华盖殿设宴，为浡泥国王洗尘。接着，又在奉天门举行了盛大的国宴后，将他们迎至国宾馆——会同馆歇息。中国明代皇帝朱棣和浡泥国王之间的亲密交谈，为两国人民的友谊谱写了新的篇章。

一个月后，浡泥国王忽然患病，朱棣万分焦急。他立即派国医日夜为他诊治疾病，又派皇亲、重臣前往探望生病的国王，日继一日，天天如此。同年十月，浡泥国王病势益重，眼见自己重病难愈，随即嘱咐王后："为了感谢明朝人民的深情厚谊，如果他一旦逝去，愿将遗体'托葬中华'。"还叮嘱年幼的王子，愿与明朝世世代代友好下去！

十月乙亥日，国王病逝于会同馆，终年28岁。朱棣闻悉噩耗，沉痛哀悼，举行国哀，又派皇太子率文武大臣前往祭奠。当浡泥国王后转达国王临终前请求"托葬中华"的遗愿后，朱棣立即答应，并命太常寺择日、选地，工部为国王赶制葬具，砌陵墓，还由礼部主持安葬仪式。当月庚寅日，举行奉安典礼、归葬坟茔，并建享殿于墓前，专拨三户人家常年守墓，还规定由礼部主其事，每年春秋二季举行祭祀。

现在浡泥国王之墓坐落在南京市安德门外，乌龟山之南麓。墓前石刻有神通石碑一通，华表柱础一对，翁仲两对（马伏二、武将二），石马、石羊、石虎各一对，以及享殿的石柱础若干。这些雕刻精致、形象，栩栩如生的石刻碑置于松柏翠竹丛中，使这座陵墓显得更加庄严肃穆而富有生气。

■故事感悟

　　浡泥国王派使者多次访问明朝，与明成祖朱棣建立了友谊。浡泥国王在病重时，一再嘱托将遗体"托葬中华"，浡泥国王去世后，朱棣不但举行国哀，还派皇太子率文武大臣前往祭奠，给予了妥善的安葬。这一切都表达了两国之间的亲善和睦，也说明明成祖与浡泥国王都希望两国能够世代友好下去。

■史海撷英

朱元璋最喜爱的儿子

　　朱元璋最喜爱的儿子是四子朱棣。朱棣10岁的时候，父亲朱元璋就封他为燕王。1380年，朱棣按规定到了自己的封国北平。当时徐达奉命镇守北平，朱棣便拜这个军事家为师，军事理论与武艺得到迅速提高。后来，朱棣又奉父亲之命，迎娶了徐达的长女，徐达成为他的岳父。朱棣在徐达的严格教授下，练得一身好武艺，逐渐显露出杰出的军事才能。在同入侵的蒙古军队交战中，朱棣屡建战功，军权日重，威名大振。

■文苑拾萃

朱元璋为儿子取名

　　元至正二十年（1360年）四月十七日，朱棣出生于当时称作应天府的南京。应天，是顺应天命的意思。4年前（1356年），朱元璋渡江攻下集庆（南京），就将集庆改名为应天。他要顺应天命，推翻元朝，削平群雄，自己当皇帝。现在他又有了第四个儿子，照理应该好好庆祝一下。几乎与明成祖呱呱坠地的同时，前线传来了陈友谅进攻太平（今安徽涂县）的告急文书。陈友谅如果攻陷了太平，接着就要进攻应天。军情紧急，他甚至对自己的这个儿子都来不及看上一眼，便又到前线指挥打仗去了。至于怎样为这个孩子取个吉祥名字，他就更没有工夫去琢磨了。

至正二十七年（1367年）旧历年底，朱元璋准备转过年就要正式登基做皇帝了，看到自己已经有了7个儿子，自然是满心高兴。这时形势已经转安，他决心要为儿子们正式取名了。十二月二十四日，他祭告太庙，把自己渡江后生了7个儿子归因于祖上的阴德：仰承先德，自举兵以来，渡江生子七人。今长子命名曰标，……曰棣……这时明成祖已经7周岁，才和众兄弟一样有了自己的名字。

明成祖的生母是谁，虽然还是个谜，这在常人看来似乎不可思议。但这个谜确实存在，数百年来一直扑朔迷离。

张际亮抱病扶友囚车

张际亮（1799—1843），字亨甫，号华胥大夫、松寥山人，福建建宁县溪口镇渠村人。鸦片战争时期享有盛誉的爱国诗人，与魏源、龚自珍、汤鹏并称为"道光四子"。张际亮一生创作诗文上千卷、万余首，流传至今的还有32卷、3078首。其诗较多反映了社会现实，揭露了腐败清王朝的政敝民贫，表达了自己除弊济民的愿望。其诗作主要辑录于《松寥山人集》《娄光堂稿》等。

张际亮与姚莹不仅是诗友，也是志同道合、患难与共的朋友。

张际亮才华横溢，秉性耿直，不随流俗，广结大江南北的仁人志士，如林则徐、姚莹、魏源、黄爵滋等，其中与姚莹的交往最为密切。

姚莹，安徽桐城人，是鸦片战争时期著名的抵抗派将领。他拥护和支持林则徐严禁鸦片，积极了解外事，关注国计民生。就任台湾兵备道后，坚决抗击英军侵略，为保卫祖国海疆立下了汗马功劳。但他后来遭到昏聩腐朽的清政府的革职查办，被横加罪名，逮入京师问罪。这一冤狱在当时知识分子群中引起了强烈的反响。张际亮闻讯后，痛心疾首，此时他重病在身，仍不辞劳苦，四处奔走呼号，竭尽全力为姚莹鸣冤伸屈，并决定亲自陪伴姚莹进京，以示对好友抗敌卫国之举的支持和对清廷制造冤狱的强烈抗议。

1843年7月，押送姚莹入都的囚车途经淮上，张际亮已在此等候多时，做好了护送友人北上、同赴囹圄的准备。姚莹为张氏的义举感激不已，但极力劝止张际亮进京。然而，张际亮决心已定，毅然抱病随姚莹的囚车一起踏上了凶多吉少的北上艰途。

像张际亮那样，对清廷制造冤狱、打击贤良深表不满的志士不乏其人。当姚莹被押至北京南郊的长辛店时，竟云集了30余位京官名士在此相迎。姚莹入狱后，人们更是奔走营救，不惧危险入狱探望。清政府迫于舆论压力，不得不把姚莹释放。可是，本来就病魔缠身的张际亮，此时因长途跋涉令病情愈加恶化了。京师诸义士为张际亮的高风亮节所感动，纷纷前来慰问。张际亮在临终前，请求姚莹协助他整理自己生平所撰诗作，后世所传《恩伯子堂集》就是由姚莹在张际亮病榻前编纂好，经张氏首肯，并于他故后刊行的。

张际亮的病逝使姚莹悲痛万分。他以真挚的感情，写下了《祭张亨甫文》和《张亨甫传》，以此来寄托对故友的深切缅怀，并洒泪护送张际亮的灵柩回故里安葬。

张际亮抱病扶囚车北上，为友伸冤；姚莹挥泪护灵柩南行，报友恩情，这是一幕多么悲壮、感人的情景！它不仅反映了姚、张二人的生死之交，同时也是当时爱国知识分子的赤诚报国之心的生动写照。

□ 故事感悟

从故事中我们可以看到，张际亮抱病扶囚车，姚莹挥泪护灵柩，十分悲壮、感人。故事不仅反映了姚、张之间的生死之交，也深刻地体现了当时爱国知识分子的赤诚报国之心。

咸丰帝奕詝

奕詝是清朝最后一位通过秘密立储继位的皇帝。他20岁登基，在位11年，死时31岁。奕詝在位期间的年号咸丰，"咸"是普遍的意思，"丰"是富足的意思，"咸丰"是天下丰衣足食的意思。可是在当时，所谓"天下丰衣足食"，只不过是个不切实际的幻想。咸丰皇帝一即位，面临的就是内忧外患、国将不国的严重局面，而他无胆识、无远略、无才能、无作为。咸丰做了11年的皇帝，显然是历史的误会。

陆游曾经在《钗头凤·红酥手》中这样感叹差错凄惨的爱情。

红酥手，黄滕酒，满城春色宫墙柳。

东风恶，欢情薄，一怀愁绪，几年离索。

错错错。

陆游在这首《钗头凤·红酥手》里，连续用了三个"错"字。这三个"错"字，借用在咸丰皇帝奕詝身上，竟或有几分贴切。咸丰11年的皇帝生活，最明显的三个特点就是：错错错。咸丰皇帝第一错，是错坐了皇帝宝座；第二错，是英法联军入侵时错逃离皇都北京；第三错，是临终之前错定了顾命八大臣。

道光帝立储

道光帝秘密立储的故事，野史笔记和民间传说多种多样，绘声绘色。

一说：追思亡后而施恩其子。咸丰帝奕詝的生母孝全成皇后，由贵妃晋升为皇后不久就突然死去了。有一首《清官词》写她暴死，事多隐秘。传说道光帝十分悲痛，决定不立其他妃嫔的儿子，而立皇后生的儿子奕詝，以此告慰孝全成皇后的亡灵。

二说：欲立奕䜣而改立奕詝。传说道光皇帝宠爱奕䜣的生母孝静皇贵妃，所以曾写好谕旨，要立奕䜣。但书写时被太监窥见，最后一笔特别长，猜想写的是"䜣"字，而不是"詝"字。这件事传了出去，道光帝很不高兴，便改立为奕詝。

以上虽属传说，却说明一个道理，就是道光应该立奕䜣，而不该立奕詝，咸丰错坐了皇帝的宝座。

齐景公弃车赶见晏婴

> 齐景公（？—前490），姜姓，名杵臼。他是春秋后期齐国国君，齐灵公之子，齐庄公之弟，公元前547至前490年在位。

有一年，齐景公到少海出游。游兴正浓的时候，突然有人从国都赶来报告，说："国相晏婴得了重病。如果国君不能马上回京，恐怕就见不到他了！"景公听了，急得不知所措，半天才回过神来，命令最好的车夫韩枢驾着最快的骏马繁驵，立即赶回京都。

韩枢使出了浑身解数，繁驵奔驰如飞，顷刻之间，已行了数十里路。然而，景公仍觉得车子太慢。他夺过韩枢手里的鞭子和缰绳，亲自驾驭起来，嘴里还不住地叨念："晏婴啊晏婴，我的好爱卿，我说什么也得见上你一面！平仲啊平仲（晏婴的字），我的好帮手，我就要赶到你的身边！繁驵啊繁驵，都说你是千里马，原来却是这般模样！像你这样迟缓，我什么时候才能见到晏婴！"

其实，繁驵很懂人情，似乎知道国君的心思，"呼哧呼哧"地喘着气，简直不是在跑而是在飞了。然而景公仍感觉它跑得很慢，甚至觉得根本没有前进。突然景公失态地喊道："下车，下车！"韩枢不知怎么回事，忙煞住车子。只见景公从车上跳下，然后径直向京都方向跑去……

是马跑得快呢，还是人跑得快呢？当然是马啊！虽然齐景公像小孩子似的办了"傻"事，欲速则不达，但是，病中的晏婴如果知道他的国君如此为他犯"傻"，不知该怎样感激涕零呢！

齐景公身为齐国国君，心里能这样装着他的臣子，这是怎样深重的君臣之情啊！

■ 故事感悟

齐景公身为一国之君，晏婴只是他的宰相，可当齐景公得知晏婴病重时，情急之下竟然弃车向城内奔跑，虽然看似可笑，可齐景公表现出来的君臣情深令人感动。

■ 史海撷英

管仲与齐桓公

齐国国力强大后，齐桓公并没有急于攻打他国，而是等待时机，以"尊王攘夷"为口号，名义上以周天子为共主，在道义上占了主动。另外，针对中原各国害怕少数民族入侵的心理，齐国联合了许多中原国家，北征山戎，南攻楚国。在此过程中，齐国作为盟主取得了霸主的地位。一时间，天下唯齐国独尊，齐国也成为春秋时期第一个称霸的国家，齐桓公被称为"春秋五霸"之首。

齐桓公自己也很清楚，他能取得这些成就和管仲的努力是分不开的。因而，他一直都非常尊敬管仲，称管仲为"仲父"，就是仅次于父亲的意思。

管仲当了40余年齐国的相国，齐国在他为相期间发展成为当时最强大、最富有的国家。管仲不光自己能治国，还举荐了许多贤才，例如宁戚、隰朋、宾须无等。这三人和管仲还有鲍叔牙合称为"齐国五杰"。齐桓公就是在这些贤才的帮助下，花了20多年的时间，励精图治，最终成就霸业的。而管仲无疑是功劳最大的一个。

管仲死后，齐桓公没有听取管仲临死时的警告，任命小人执政，最终引起内乱，他的儿子们也纷纷争位，以至于齐桓公死后，遗体都没人去管。国内为争位夺权爆发战争，最后战乱被宋国平定，齐国虽然仍然保持着大国的地位，但国力已经完全衰落，就此永远退出了争霸的舞台。

□文苑拾萃

战国七雄

"战国七雄"指我国东周后期七个强势诸侯国的统称，分别是齐、楚、燕、韩、赵、魏、秦。

春秋末年，列国兼并，剩下的大国主要有西方的秦，中原以北的晋，东方的齐、燕，南方的楚、吴、越。

战国早期，上述大国除吴于公元前473年被越所灭外，其余全都保存下来。秦国、燕国实力较弱，比较强大的是晋、齐、楚、越四国。其中晋国经过六卿之间的兼并，于公元前453年形成了赵、魏、韩"三家分晋"的局面，号称"三晋"。三晋在战国初期最强大，常常联合兵力进攻其他国家。公元前403年，周天子正式策命三晋为诸侯。齐国自公元前481年陈成子陈恒（亦称田恒）杀齐简公后，专擅齐政，形成了"田氏代齐"的局面。但战国初期，齐实力暂时弱于三晋。楚国虽向东方略地扩展，但其北上与三晋争夺郑却遭受失败。越国灭吴后曾强盛一时，进入战国后因长期内乱，势衰，最终于公元前333年为楚所败。

宋仁宗结好辽道宗

宋仁宗（1010—1063），中国北宋第四代皇帝（1023年—1063年在位），初名受益，宋真宗的第六子，1018年被立为皇太子，赐名赵祯。1023年即帝位，时年13岁。1063年驾崩于汴梁皇宫，享年54岁。在位42年。在位时期，宋朝面临官僚膨胀的局面，冗官冗兵极多，而对外战争又屡战屡败，虽然西夏已向宋称臣，但边患危机始终未除。后来虽一度推行"庆历新政"，但未克全功。

　　一部宋辽交往史，并非总是刀光剑影，你征我伐，也有相当长的一段时间，两朝相安无事、礼尚往来，甚至两朝之间也不乏友情。尤其值得一提的是宋仁宗赵祯与辽道宗耶律洪基之间的友好关系。

　　耶律洪基当太子时，因仰慕宋朝的山川文化、风土人情，有一年混在辽朝使团中悄悄进入宋朝境内，前往宋都汴京。宋朝边防的雄州守将认出了耶律洪基，忙把这个情况逐级报告上去。宋仁宗得报，很重视辽朝太子的来访，特地将耶律洪基接到皇宫中，与皇后一起热情款待了他。临别时，宋仁宗还恳切地对耶律洪基说："吾与汝一家也，异日唯盟好是念，唯生灵是爱。"这令年轻的耶律洪基十分感动。

至和二年（1055年），辽朝的兴宗皇帝去世，耶律洪基继位，是为辽道宗。辽道宗登基不久，就派使臣向宋朝表示：希望得到宋仁宗的画像。宋朝的一些大臣怀疑辽朝不怀好意，是想用"厌胜之术"即巫术来咒害宋仁宗，因而反对向辽朝赠送画像，宋仁宗却有把握地说："必不然。"欣然派遣御史中丞张升赴辽赠送自己的画像。张升到达辽朝都城燕京时，辽道宗亲自排列仪仗出宫，隆重地迎接宋仁宗的画像。

嘉祐八年（1063年），宋仁宗逝世。当宋朝使者把噩耗报告给辽道宗后，辽道宗悲痛得掉下泪来。他拉着宋朝使者的手感慨地说："四十二年不识兵革矣！"为了悼念宋仁宗，辽道宗命人将宋仁宗穿过又赠送给他留念的衣物埋葬成一座"衣冠冢"，还将宋仁宗的画像长期供奉在辽朝皇宫内。

■故事感悟

辽宋的历史给人们的印象一直是刀光剑影，但从以上故事中，我们了解到宋仁宗和辽道宗之间的友谊还是令人感动的。作为辽宋两个国家的皇帝，从内心来说是不愿看到战争发生，希望天下太平的，故而他们的友谊也在历史上留下了佳话。

■史海撷英

庆历新政

宋仁宗赵祯的朝廷中，朝臣互相倾轧成风，大权也逐渐被吕夷简掌握。吕夷简竭力迎合仁宗天下大治的太平心理，刻意粉饰，一味奉承，使宋王朝进一步陷入统治危机之中。

仁宗还为宋朝增加了大量的官员，使冗官冗吏局面日趋严重。在与西夏的战争中，宋军虽屡屡战败，所任边将却越来越多。为备辽御夏，朝廷不断扩充军队，使军员比真宗时的40万猛增了一倍多。

因此，以范仲淹为代表的朝野忧国忧民之士担心国家兴亡，纷纷上书，要求变革图强。宋仁宗在严酷的现实面前，也隐约地感到了统治危机，便于1043年下令范仲淹、韩琦、富弼、欧阳修、余靖等人主持"新政"。

"新政"是在宋仁宗的支持下进行的，但是，新政从开始实施之日起，就遭到朝廷中保守势力的反对。因为"新政"触及了一部分人的既得利益，一大批贪官污吏和显官贵族的利益受到损害，因而这批人首先发难，诽谤新政，而且与其他反对"新政"之人合在一起，使反对声音越来越多。这时京东地区又爆发了以王伦为首的起义，陕西地区爆发了以张海、郭邈山等领导的农民起义，还有不少地方发生蝗旱之灾，仁宗都认为是实施新政所带来的结果，于是决意牺牲革新派，向反对派妥协。结果，"庆历新政"如昙花一现，仁宗励志图强的信念似流星般稍纵即逝。

■文苑拾萃

刘太后专权

宋仁宗继皇帝位时，因年幼，朝中事务便由刘太后主持。随着年龄的渐长，宋仁宗开始对专权的刘太后不满，并以疏远太后为他立的皇后郭氏，封自己宠爱的张氏为才人，又以封美人的办法来表示对太后专权的不满。

1029年，范仲淹上书，请太后撤帘归政，结果被太后贬判河中府（治今山西永济蒲州镇）。接着宋绶上书，也被贬知应天府（治今河南商丘南）。后来还有林献可、刘涣等人先后上书，又被刘太后远贬岭南。仁宗看在眼里，嘴里不说什么，心中却更增加了对太后专权的不满。直到1033年春，刘太后病死，仁宗赵祯才真正做起了皇帝。

第二篇
与人为善受人赞

季子墓前挂剑还心愿

　　季札（生卒年不详），春秋时吴王寿梦第四子，称公子札。他是一位与江阴历史渊源有关的古代贤人，传为避王位"弃其室而耕"常州武进焦溪的舜过山下，人称"延陵季子"。季札不仅品德高尚，而且是一位具有远见卓识的政治家和外交家。

　　春秋时吴王的小儿子名叫季札，因封地在延陵（今江苏武进县），所以世人称他为延陵季子。

　　有一年，季子出使晋国，途经徐国，便去拜访他的朋友徐国国君。

　　席间，徐君看见季子身佩的宝剑羡慕不已，又不好意思开口向季子索要。季子看出了徐君的心事，但国事在身，不能当场把宝剑赠送给徐君。他心中暗暗打算，事后一定让徐君如愿以偿，把宝剑赠送给他。

　　季子出使晋国返回吴国途中，特意来到徐地，想实现心中的承诺，将宝剑赠给徐君。可是，徐君这时已经死了。季子得知消息后，心里很悲痛，便决定将宝剑送给当时继任的徐君的儿子，以了却徐君生前宿愿。

　　随从人员得知此事，便在一旁说："这宝剑是吴国的国宝，是不能送给别人的。况且徐君人已死去，就算了吧。"季子说："这宝剑并不是我现在才答应赠给徐君的，而是以前我来这里时，徐君曾对这把宝剑羡慕不已，我因重任在身，不能当场赠给他，但我心里已经答应了。现在徐君死了就不赠宝剑，答应人家的事不做，这是欺心啊。爱剑伪心，正直的人是不该这样做的。"于是，他取出宝剑赠给徐君的儿子。徐君的儿子连忙谢绝，说："父亲在世时并没有叫我接受您的礼物，我是不敢违背的。"

季子见徐君的儿子终不肯接受宝剑，便来到徐君墓前，亲手将宝剑挂在徐君墓上，兑现了自己心中的诺言。

■故事感悟

季子虽然没有明说要将宝剑赠予徐君，只是心中许诺，但为了实现心中的诺言，他竟将剑挂在徐君的墓上，以兑现心中的承诺，这种精神令人佩服。

■史海撷英

秦二世的奇想

秦二世统治时期，有一天，秦二世突发奇想，想把整个咸阳城的城墙都用油漆漆一遍。优旃说："这个主意好得很，即使皇上不说，我也会提这个建议的。把城墙油漆一遍虽然会给百姓带来很多麻烦，但是好处太多了！城墙用油漆上后，敌人就爬不上来了，一爬就粘在上面。不过刚油漆上的东西不能被雨水淋到，所以得造个大房子把咸阳城遮盖住才行。"秦二世虽然糊涂，但知道这事是不对的，就打消了这个念头。

这些弄臣用他们的幽默和智慧劝谏君王，给中国历史增加了幽默感，给后人留下了宝贵的精神财富。

楚庄王葬马

楚国有个叫优孟的人，是楚国王宫里的一个演员。楚庄王有一匹爱马，享受的待遇非同一般，平时身披丝绸，住在豪华的房子里，吃的是枣子。后来这匹马死掉了，楚庄王下令所有大臣都要为它吊丧，还想要以葬大夫的礼节埋葬它。大臣们纷纷反对，但没有用。楚庄王下令："再有人敢用这事来劝谏我的，一律杀头！"优孟听说后，就跑到王宫里放声大哭。楚庄王急忙问他怎么了，优孟说："这匹马是大王心爱之物，以堂堂楚国这么大的国家，什么东西没有？用大夫的礼节埋葬它太薄了，我希望用埋葬国君的礼节埋葬它。"楚庄王说："那是什么礼节呢？"优孟认真地说："我请求用玉来雕刻棺材，发动全国的老百姓为坟墓挑土，齐国和赵国的使臣站在前来吊丧的人前面，韩国和魏国的使臣站在后面。再把它的灵位放在太庙里，封它一万户的封地。诸侯们知道这事后，都知道大王把马看得重，而把人看得轻。"楚庄王大惊，说："我的过失有那么大吗？你说怎么办呢？"优孟说："这还不容易，请大王用埋葬牲畜的方法埋葬它。要不就让厨师将它切好，用最好的调料和配菜作为祭品，放在火上，埋在人的肚子里面就行了。"楚庄王赶紧照他的话去做，免得事情闹大。

程婴舍子忍辱养遗孤

　　程婴（？—约前583），春秋时晋国义士，千百年来为世人称颂。相传他是古少梁邑（今陕西韩城西少梁附近程庄）人，为晋卿赵盾及其子赵朔的友人。晋景公三年，大夫屠岸贾杀赵盾，灭其族，朔客公孙杵臼与之谋，婴抱赵氏真孤匿养山中，而故意告发令诸将杀死杵臼及冒充孩儿，后景公听韩厥言，立赵氏后，诛屠岸贾，婴则自杀以报杵臼。

　　程婴，春秋时期晋国人。他是晋灵公、晋成公在位时老相国赵盾的门客，也是个忠诚守信之士。

　　公元前620年，晋襄公死后，7岁的儿子做了国君，就是晋灵公。晋灵公长大以后很不成器，终日吃喝玩乐不理朝政。他非常讨厌赵盾，因为赵盾是个忠诚老实的大臣，为了晋国的霸业，经常干涉晋灵公的行为。同朝大臣屠岸贾却会百般奉迎，所以晋灵公很宠信他。在屠岸贾的助长下，晋灵公更加不务朝政，做事玩乐没有分寸。他用弹弓随便打宫外行人，残害百姓；对厨子稍不满意，就大卸八块。对赵盾耿耿劝谏，非但不听，反而恨之入骨。他还和屠岸贾多次设计谋害赵盾，但均因义士相救，未能得逞。后来，赵盾的叔伯兄弟赵穿用计，把晋灵公杀了。

晋灵公死后，晋成公继位。晋成公非常信任赵盾，还把自己的女儿庄姬嫁给了赵盾的儿子赵朔为妻。从此，赵家有了很大势力。

晋成公、赵盾、赵穿相继去世以后，晋景公做了国君。晋景公非常傲慢，喜欢奉承，屠岸贾又得了宠。屠岸贾因为跟赵家有仇，就利用晋景公害怕赵家势力越来越大的心理，以赵穿刺杀晋灵公一事为罪名，将赵家满门抄斩。只有赵朔的媳妇儿庄姬幸免，因为她是晋景公的妹妹。这时她已怀孕，晋景公说，要是生个男孩，就把他杀死，以免后患。屠岸贾天天探听庄姬的消息。

赵家有两个门客，一个叫程婴，平时为人心地善良，且忠心耿耿；一个叫公孙杵臼。二人都是老相国赵盾的心腹，他们两人都认为孩子无罪，一心要救赵家的孤儿，长大之后好给赵家报仇。庄姬果然生下一个儿子，在田后的帮助下，被程婴救出宫去。屠岸贾暗中派人到后宫打探，听说庄姬生了个女孩，才生下来就死了。屠岸贾不相信，他得到晋景公的许可，亲自带人进宫去搜查孤儿，没有搜出来，就断定那个孩子一定被偷出去了。为了斩草除根，屠岸贾就发布了一个通告："有人报告赵家孤儿去向的，赏黄金1000两。谁敢偷藏的，全家死罪。"同时，他派出许多人到处搜查，凡是有婴儿的人家，无一漏过，见到可疑的男婴，就一律杀掉。

在这种情况下，程婴和公孙杵臼商量如何救孤儿的办法。公孙杵臼问程婴说："抚养幼儿跟慷慨就义哪一件事难？"程婴说："死了倒是容易，抚育幼儿可就难了。"公孙杵臼说："那么，就请你担任那件难做的事，容易的让给我吧。"他决心以死来救孤儿，让程婴把孤儿抚养成人，将来为赵家报仇。程婴答应了，并把自己妻子刚生下来的儿子交给了公孙杵臼，换出了孤儿，并假装去向屠岸贾告密。

程婴带领屠岸贾在公孙杵臼家里搜出了婴儿。公孙杵臼高声大骂程婴："该死的东西！你还有天良吗？你我约定救护孤儿，你却贪生怕死，背信弃义，出卖朋友，丧尽良心！你为了贪图千金重赏，变成了畜生！你怎么对得起赵家的冤魂？你怎么对得起天下的人？"程婴不敢开口，只有低着头流眼泪。屠岸贾当着他们的面将假孤儿摔死，公孙杵臼指着屠岸贾骂不绝口，屠岸贾立刻吩咐武士把他砍死。事后，屠岸贾赏给程婴1000两金子。程婴流着泪说："小人只想自己免罪，保住自己的儿子，才告了密，并不是为了贪图重赏。现在我成了不仁不义之人，要是大人体谅小人的苦衷，请把这些赏金作为掩埋赵家和公孙杵臼用吧，小人就感恩不尽了。"屠岸贾答应了他的请求、程婴拜谢出去后，急急忙忙去办理埋葬的事。

程婴虽然舍弃自己的亲生儿子救了赵家孤儿，反落得晋国上下对他大骂不止。这件事只有大臣司马韩厥一个人知道真相，程婴不仅救了赵氏一个孤儿，也救了许多无辜婴儿的性命，所以他非常钦佩程婴。程婴骗过屠岸贾，就带着孤儿投奔他乡，隐居起来。他忍辱负重15年，终于把孤儿抚养成人，练成一身武艺。后来在司马韩厥等大臣们的帮助下，孤儿终于报了大仇，并用屠岸贾的人头祭奠了赵家死去冤魂。这时，晋国上下才知道程婴的为人。从此，程婴忍辱负重、诚义守信的美德广为流传。

□故事感悟

这个故事被后人编成了许多文艺作品，被广大群众所喜爱。故事中的两个主人公孙杵臼和程婴为了保住赵氏血脉，一个选择牺牲自己，一个落得一生的骂名，但他们同样是伟大的，是值得后人歌颂的。

晋惠公忘恩负义

战国时，晋惠公当了国君后，派邳郑出使秦国，对秦王说："开始的时候国君用河西一带的土地来酬谢秦国，现在侥幸为君，大臣们都说：'土地是祖先留下来的，国君在外面流亡，怎么能随便许诺给别人呢？'国君和他们争执了好久，但没能成功，所以现在来向秦国表示歉意。"事先答应给里克的土地也不给了，反而削除了他的权力。不久，晋惠公对里克说："不是你的话我也当不了国君，但是你也杀了两个国君和一个大夫，当你的国君也太难了吧。"里克悲愤万分，自刎而死。

邳郑在秦国听说里克遇害，就对秦穆公说："吕省和卻芮等人实际上并不忠心于晋惠公。如果重重地贿赂他们，就能把晋惠公赶走，把重耳接回来。"秦穆公对晋惠公的忘恩负义也很气愤，就同意了。邳郑回国后对吕省等人行贿，他们说："这么多贿赂和好听的话，一定是邳郑在秦国把我们出卖了。"于是怂恿晋惠公杀掉了邳郑和很多大臣。邳郑的儿子邳豹逃到了秦国，请求发兵伐晋，但秦穆公没有同意。

晋惠公的行为激起了国人的不满，不久周朝的召公出使晋国，晋惠公很没礼貌，受到了召公的嘲笑。

晋的灭亡

晋惠公当国君后的第二年，秦国爆发了饥荒，晋国却获得丰收，秦国就找晋国借粮，晋惠公和大臣们商量。大夫庆郑说："国君是靠秦国才得立的，去年我们闹灾他们还帮助了我们，现在秦国闹灾向我们求助，我们应该出手相助！"虢射却说："去年上天把晋国交到秦国手上，是秦国不要。现在上天把秦国交到我们手上，我们能违背天意吗？再说他们闹饥荒，讨伐他们可以事半功倍。"狼心狗肺的晋惠公居然听从了虢射的话，不但不给秦国粮食，还发兵准备攻打秦国。秦穆公听说后气得两眼冒火，大臣们也义愤填膺，决定饿着肚子也要发兵抵抗。

秦国先下手为强，率领大军进攻晋国。由于晋国背信弃义，秦军将士全都上下一心，士气高涨。晋惠公害怕了，问庆郑："秦国已经打进来了，怎么办？"庆郑说："秦国帮助你当了国君，你背叛他们。晋国饥荒秦国给我们粮食，秦国饥荒晋国却要打他们。现在秦国打进来不是很正常么？"晋国占卜哪个大夫当晋惠公的御右比较好，占卜结果是让庆郑当最吉利，但晋惠公说："庆郑这个人出言不逊。"于是让步阳驾车，家仆徒御右。不久晋军和秦国大军在韩原交战，晋惠公急功近利，驾车的马摔了个跟头，被秦军包围了。晋惠公很着急，让庆郑来救他。庆郑说："你不遵守占卜的结果，失败是正常的事。"就没有救他，晋惠公被秦国俘虏了。

华歆救人搭船讲信用

华歆（157—232），字子鱼，平原高唐（今山东高唐县）人，汉末三国时期名士，三国时期魏司徒。汉灵帝时举孝廉，任郎中，后因病去官。后得到何进征召为尚书郎。官渡之战时，曹操"表天子征歆"，任为议郎，参司空军事，入为尚书，转侍中，代替荀彧为尚书令。曹操征讨孙权，"表歆为军师"，后任御史大夫。曹丕即王位后，拜相国，封安乐乡侯，后改任司徒。魏明帝即位，晋封博平侯。卒谥敬侯。

华歆、王朗同是三国时代的人。一次战乱中，他们两人被追兵撵到了长江边。慌乱中，他们找到一条船，正要开船，岸上又跑来一个人呼喊求救，也要搭乘这条船逃往对岸。华歆看到这个情景，为难起来，在一边沉默不语。旁人见他犹豫不决，也不好开口。

这时追兵越来越近，王朗着急了，忙对华歆说："就让他搭船吧，正好船上还有地方，为啥不帮他一把呢？"就这样，那人也与华歆、王朗同乘一条船往对岸逃跑。

船行到江心，追兵已经赶到岸边。他们看见华歆、王朗的船，便纷纷下水泅渡追赶。泅水的士兵离行船越来越近，划船的艄公累得精疲力尽，船的速度越来越慢了。王朗见此情景，开始着急了，便打算赶一同逃难的那人下船。华歆连忙阻止王朗说："我当初之所以迟疑，不答应，正是怕出现这样的情况。我们既然已经答应人家同船逃难，怎么能中途丢弃人家呢？"王朗被说得无言以对，只好照华歆的话办。

追兵泅到江心渐渐累了，泅水速度便慢了下来，与华歆他们的船距离又逐渐拉大了。就这样，行船胜利地划到对岸，华歆、王朗及那人摆脱了追兵，那个人也顺利地逃出了虎口。这件事传开后，人们都赞扬华歆办事讲信用，说话算话，在任何情况下也不变卦。

■故事感悟

常言说："杀人杀个死，救人救到底。"这句话的真正含义是说，不论做什么事都要有始有终。但世上有多少人为了自己的利益能把好事做到底呢？尤其是在生死关头。从以上故事中我们得知，华歆是一个有远见、救人救到底的人，我们从心里佩服他！

■史海撷英

曹操其人

曹操的父亲是宦官的养子，所以他家里虽然很富裕，官也做得很大，但一般人还是看不起他们。曹操从小就聪明机智，但并不注意自己的言行，当时的人基本上都觉得他没有什么过人之处。当然，也有个别人很看重他，名士桥玄就认为他是个能够安定天下的人。曹操20岁的时候被推荐为孝廉，进入了政坛。黄巾起义爆发后，曹操加入了镇压起义的队伍，在战斗中立了不少功劳。他不畏权贵，敢于和恶势力作斗争。

曹操很重视人才。当年他举荐魏种为孝廉，一直认为魏种对他很忠心。兖州叛乱的时候，他说："只有魏种不会背弃我。"谁知魏种早就跑了。曹操觉得很没面子，发怒道："魏种，除非你跑到胡、越这种我去不了的地方，否则我绝对不会放过你！"后来魏种为曹操俘虏，曹操却说："我只是考虑到他是个人才啊。"吩咐给魏种松绑，并继续任用他。

袁绍打败公孙瓒后，又向曹操发动了进攻。当时曹操的实力远逊于袁绍，但他善于用兵，充分发挥了自己的优势，又能使用奇谋妙计，奇袭袁绍军粮仓，一举歼灭了袁绍军的主力，最后将袁绍势力消灭，基本统一了北方。

此后，曹操决心统一全国，于是发动了南征。他先消灭了刘表的势力，然后又将矛头对准了江东的孙权。不过，曹操在赤壁被孙权和刘备的联军打败，从此失去了统一全国的好机会，不得已只好退兵。

曹操用人不拘一格，他下令只要是人才，不管出身贵贱、品行如何，都可以举荐，所以他手下人才济济。在三国里面，曹操手下的人才是最多的。那些人帮助曹操整顿内政，发展军事，使曹操成为三国中最强大的势力。

■文苑拾萃

曹操与毛玠

毛玠是陈留人，早年曾在县里面当小吏，以廉洁公正而闻名。后来发生战乱，他想去荆州避乱，在半路上听说荆州刺史刘表赏罚不明，不是什么靠得住的君主，于是改道去了鲁阳。曹操后来征辟他为治中从事，他对曹操说："现在国家四分五裂，百姓流离失所，连饭都吃不饱，官府连一年的粮食储备都没有，这样老百姓也不敢定居下来，国家很难稳定。现在袁绍、刘表等人手下虽然有许多士人，但他们目光短浅，不是建功立业的人。用兵靠的是礼义，要保住地位还必须要有财力，您应该尊奉天子而讨伐那些不守臣道的人，再用心发展生产，储备好物资，这样就可以成就霸业。"
曹操很佩服他的见解，接纳了他的意见，把他调到自己府上做功曹。

　　曹操担任丞相后，毛玠和崔琰一起负责选拔官吏。毛玠推荐的都是清廉正直的人，有的人即使很有名望，但为人不正派，毛玠也不会任用他们。他特别重视一个人是否俭朴，把它作为选拔人才的重要标准，所以全国的士人都用廉洁来约束自己。即使是那些达官显贵，他们的衣服器具也不敢违反法度。曹操赞叹道："像这样任用人才，让天下人自己监督自己，我还用得着费心么？"曹丕担任五官中郎将时，曾经拜访过毛玠，托他照顾自己的亲属。毛玠却说："我因为能够尽忠职守，所以才没有获罪。您刚才说的那些人不应该升迁，所以我不敢答应您。"

　　曹操平定柳城后，把获得的战利品都分给大家，特别留下了素屏风和素凭几给毛玠，说："你有古人的风范，所以我特意赏给你古人的东西。"毛玠虽然当了大官，但还是经常穿着布衣，吃很普通的饭菜，而且他抚养哥哥的遗子非常周到。他得到的赏赐大多都分给了贫苦人家，自己家倒没有什么剩余的财产。曹操刚刚当魏王的时候，还没有确立谁是太子，曹操本来很宠爱曹植，毛玠私下对曹操说："当初袁绍就是因为没有区分嫡子和庶子，结果闹得家破人亡。废立太子是大事，我不希望有这样的事发生。"曹操对毛玠更为赞赏。

礼震才替师受刑

欧阳歙（生卒年不详），字正思，乐安千乘（今山东广饶县）人。

欧阳歙是西汉初年著名的学者，其先祖为欧阳生。

秦王嬴政统一六国后，建立起专制主义的中央集权政治制度。为了控制人们的思想，曾焚书坑儒。博士伏生冒杀头之祸，把《尚书》保存下来，并把《尚书》又传给了欧阳生。

欧阳生把《尚书》传给他的子孙。传到第八代欧阳歙时，便形成了欧阳"尚书派"。由于这一派是得到伏生的真传，因此在社会上很有地位，拜欧阳歙为师的有千人之多。

欧阳歙学识渊博，为人忠诚老实，对学生循循善诱，非常受学生的爱戴。但后来发生了一件不幸的事儿，欧阳歙获罪下了监狱。他的学生听说后，纷纷到洛阳皇宫门前请愿，有时多到千人，可是朝廷不闻、不问、不放。

平原郡有个青年叫礼震才，听说老师被判处了死刑，非常难过，连夜赴京师。走到半途，他让人用绳子把自己捆起来，托人把他送到洛阳监狱，坚决要替老师受刑。监狱看守说："古今中外还没见过这种事，我们不敢做主。"这样他就给皇帝上书，要求替师受刑。他的奏稿这样写道："我的老师欧阳歙是学界宗师，世传八代博士。他的儿子年纪尚小，尚不能继承欧阳博士的学业，博士死后，《欧阳尚书》也将失传。如果这样，陛下岂不是背上了杀戮贤臣的罪名，而学界从此也将失去一位最好的导师？这将是学臣无法弥补的损失。我恳请陛下能允许我顶替欧阳老师的死罪……"

可惜表章呈上后，待批期间，欧阳歙就病死在狱中了。但礼震才坚决要求替师受刑的行为，却传为千古佳话。

■故事感悟

古人有说，"一日为师，终身为父"。从故事中我们得知，礼震才的老师欧阳歙获罪下狱（冤狱），要被处死，他听说后，毅然挺身而出，坚决要求进监狱替老师受刑，这种代师受刑的善举值得敬佩。

■史海撷英

专横跋扈的梁冀

东汉中后期，皇帝通常年龄都很小，所以权力一般都掌握在外戚手中。那些外戚普遍没什么本事，只是仗着是皇帝的亲戚而得以掌握大权，所以都干了不少坏事。梁冀的两个妹妹都是皇后，他也权倾一时，成为历史上有名的大奸臣。

梁冀外表丑陋，也没有什么才学，但他出身高贵，从小就和一帮纨绔子弟鬼混，当时公子哥儿当中流行的东西他无一不精，别的本事却一点儿都没有。长大后，他仗着家里的势力官运亨通，一直爬到执金吾的高位。

后来他被任命为河南尹，在任上残暴贪虐，干了不少坏事。洛阳县令吕放是他父亲梁商的好朋友，看不惯梁冀胡作非为，在梁商面前说了不少梁冀的劣迹。梁商责备了梁冀，但他不仅不知道悔改，反而对吕放怀恨在心，派人暗中刺杀了吕放。为了推卸罪责，他又诬陷吕放的一个仇人是杀人凶手，把那个人全家100多口全部杀死。

梁商死后，梁冀被任命为大将军。汉顺帝去世，还是婴儿的汉冲帝即位，梁冀的妹妹梁太后临朝听政，命梁冀等人辅政。梁冀虽然表面上推辞，暗地里却更加横行霸道。

冲帝很早就死了，梁冀为了独掌大权，故意扶立年仅8岁的汉质帝，好加以控制。但汉质帝虽然岁数小，人却很聪明，他很清楚梁冀的骄横。有一次在朝会上，他指着梁冀说："这是个跋扈将军。"梁冀非常生气，又不好当面发作，只好忍了下来。后来，他命令心腹给汉质帝吃下掺有毒药的饼，把汉质帝毒死了。

梁冀随即又扶立汉桓帝，他害死了太尉李固和前任太尉杜乔，只手遮天，独揽大权，前前后后给自己封了多达3万户的封地。就连梁冀的仆人秦宫都狐假虎威，外地的刺史、太守来京城，都要先来拜见秦宫，可见梁冀本人的权势有多大了。

■文苑拾萃

清官孔奋

孔奋是东汉有名的孝子。他少年时期跟随刘歆学习《春秋左传》，刘歆曾经称赞他说："我已经从孔奋那里学到了大道理。"王莽篡位后，孔奋带着老母亲和弟弟逃到河西地区避难。东汉建立后不久，窦融聘请孔奋到自己官署来当助手，在姑臧县当县令。他工作很勤奋，把事情都处理得井井有条，3年后被赐爵关内侯。当时天下刚平定不久，各地还很混乱，只有河西地区还算安定，尤其孔奋负责的地区更被别人称为富县。

那里是和羌人、胡人贸易的地方，一天有4次集市，要从中捞油水是非常容易的事。以前来到这里的县官，上任没几个月就能富裕起来，只有孔奋是个例外。他在这里当了4年县官，家里没有增加半点财产，可见他是个难得的清官。

朱冲送牛带草

朱冲（生卒年不详），字巨容。西晋南安郡人（治今陇西三台）。他是陇西历史上有记载的一位安贫乐道、隐逸不仕的高人，年轻时就注重修养德行，闲静寡欲，好钻研经典。

晋代朝廷里有位官位很高的大臣，名叫朱冲。他虽然官位高，待人却很宽厚，而且自幼就是这样。

朱冲出生于南安，家里生活并不富裕，因为没有钱上学读书，只好在家种地放牛。

有一次，他正在野外放牛，邻居一个人跑来，慌慌忙忙地东瞧瞧、西看看，然后不由分说，牵了朱冲的一头牛犊就走了。

朱冲看到邻居把自己的牛牵走了，也不生气，只是说："这一定有什么原因，等回家后再问问。"

不大一会儿工夫，那个人在树林里找到了自己的牛犊。他十分惭愧，牵着朱冲家的那只牛犊来找朱冲，不好意思地说："真对不起！真对不起！你的牛犊，我给你牵回来了。"

朱冲问明了原因，笑了笑，说："没有什么，你家很困难，这头牛犊就送给你吧!"

村子里还有一家,平时好占便宜,曾三番五次地故意把牛放到朱冲家的地里啃吃庄稼。

朱冲看到后,也不生气,还在收工时带一些草回来,连同那啃吃庄稼的牛,一起送回主人家中。

朱冲说:"你们家人多地少,顾不上照看牲口。我家草多,给你拿些来,喂牲口吧!喂完了,我还可以再给你家送些来。"

那家人一听,又羞愧,又感激。他们对朱冲说:"你太好了!你放心,以后,我们再也不让牲口去糟踏你家的庄稼了!"

待人厚道的朱冲始终这样做,赢得了亲朋、乡邻一片赞扬。

■故事感悟

朱冲官居高位,却从不因一些鸡毛蒜皮的小事与邻居争执,即使受了冤枉也不争辩,表现出了一个宽厚长者的风度,值得尊敬。

■史海撷英

白痴皇帝

晋武帝是个很聪明的人,可他的大儿子司马衷是个白痴。晋武帝因为这件事一直很不开心,而且也不知道是否该把皇位传给他。

有一次,晋武帝想考验一下司马衷,看看他是不是真的笨得无可救药。他把太子府上的官员全部召集起来赴宴,然后写了几个问题封在信封里送给太子看,要他回答。太子妃请别人帮忙作答,结果那个帮手引用了很多典故,回答得非常完美。太子妃身边的小太监张泓却看出了破绽,他说:"太子不爱学习的事天下人都知道,这份答卷上引用了那么多典故,皇上一定会怀疑不是他写的，那就会对太子更加失望。我看还是直接回答好。"太子妃很高兴，对张泓说："那就你帮我回答吧，到时候一起享受荣华富贵。"张泓一直有点儿小才能，就写了一份比较粗浅的答卷，让太子抄了一遍。晋武帝看到答案后，信以为真，觉得儿子虽然才学差点儿，但道理还是懂的，心里很高兴，由此打消了对太子的质疑。

■文苑拾萃

美男子潘安

"貌赛潘安"这个词是用来形容美男子的。潘安本人确实长得很英俊，不过可惜他品行欠佳，喜欢谄媚权贵，最后还把自己送上了死路。

潘安名岳，字安仁，后人都叫他潘安。他少年时期就以才华横溢而出名，被称为神童，说他是和贾谊一样的天才，因此很早就被征召到司空太尉府，被举荐为秀才。

潘安的才华和名气非常出众，引起了很多人的嫉妒，他因为这个而隐居了10年。后来他出任河阳县令，仗着自己的才华，觉得这样的小官很不得志。当时的尚书仆射山涛，领吏部王济、裴楷等人都得到了皇帝的赏识，潘安在内心里对他们不满，在尚书阁上题写了歌谣："在尚书阁的东头，有一头大牛，王济作缰绳套在牛脖子上，裴楷套在后头，和峤成天忙碌不得休。"

后来潘安调任为怀县令，当时，许多当地人因为经商而放弃了农业，许多亡命之徒都跑到旅舍去避难，破坏法律法规。皇帝下诏取消旅舍，每十里路就设立一座官办的旅舍，让贫穷人家的老人和小孩看守，派小官主持，按照普通旅舍那样收费。潘安针对这件事上书议论，认为旅舍制度由来已久，为百姓提供了方便，所以旅舍不应该被取消，至于开办官办旅舍，他认为那些违法犯纪的事多数都发生在偏僻的地方，如果连续十里路都没有人烟的话，不法之徒就要干坏事了；如果道路相连，旅舍又多的话，不法之徒就会害怕而不敢乱来，所以旅舍也起到了维护地方治安的作用，官办旅舍密度不够，起不到这种作用。而且赶路的人都要多走路，吃饭休息都选在傍晚或者早上，尤其夏天，还得连夜赶路，如果规定旅舍早早关门的话，客人不能及时赶到，那么他们就只能在路边休息，容易遭到强盗抢劫。如果以旅舍经常破坏地方教化为理由，派官吏守在旅舍门口，那谁还敢来投宿？那些小官和弱者独自占有旅舍的收入，凭借手上的权力，以非法手段获利的现象就会越来越多。所以他请求取消这个规定，皇上听从了他的意见。

潘安兼管两个县城，在政务方面很勤劳，不久就升任为尚书度支郎，又改任廷尉评，后来被免职。杨骏辅佐朝政的时候，将他提拔为太傅主簿，杨骏被杀后他也被免了职。当初公孙宏没做官的时候，潘安对他很好，杨骏被杀时，公孙宏成为楚王的长史，他帮潘安说了好话，朝廷才免了潘安一死。

潘安性情浮躁，喜欢趋炎附势。他和石崇等人侍奉、攀附贾谧，每次等候贾谧出门的时候，两人就望着车马扬起的尘土行礼，十分谄媚。贾谧的"二十四友"里，潘安排名第一，关于《晋书》的起笔年限的议论文章也是潘安的大作。潘安的母亲好几次都讽刺他说："你应该知道满足了，还要侥幸冒险没个完吗？"但潘安始终都无法改变。

杨翥赋诗不争地

杨翥（1369—1453），字仲举，明代官员，南直隶苏州府吴县（今江苏苏州）人。少孤，随兄戍武昌，授徒自给。宣德时，授翰林检讨，历修撰。正统中诏为郕王朱祁钰府僚，为长史，王即帝位，拜礼部右侍郎，景泰三年进礼部尚书，景泰四年卒。

忙过了一天的公务，明朝礼部尚书杨翥缓步走出衙门。春天的暖风吹来，使人感到舒适、惬意。

他伸伸懒腰，吩咐等在衙门口的佣人："回府。"

佣人们连声应道："是，老爷。"

杨翥登上轿子，坐下。此时，他才感觉到有些疲劳。

他微微闭上眼睛，不大一会儿工夫，竟进入了梦乡。

忽然，一阵争吵声将他惊醒。他抬起头，伸手撩起不大的轿子窗帘向外看，原来是路旁两个中年女人在吵架。

那吵架的女人一胖一瘦，两个人怒目而视，互不相让。

胖女人指着脚下的地喊："想占我家的地，妄想！"

瘦女人同样指着脚下的地，喊："你家的地？谁说的？分家的时候，明明分给我家的，现在怎么会成了你的！你不是在做梦吧？"

胖女人冲上去，一把揪住瘦女人的衣襟，推推搡搡地说："你说什么？分家时分给你了？胡说八道！公公的话我记得清清楚楚，说这片地分给我家。"

瘦女人不甘示弱，也伸手揪住胖女人的衣襟，说："你放开手！"

胖女人说："我不放开！你不讲理，我饶不了你！"

大概轿夫也被吵架的女人吸引住了，脚步越走越慢。

杨翥明白了，这两个女人是妯娌，为争脚下土地而争吵。眼看越吵越烈，快要打起来了。

他叹了口气，自言自语说："唉，这是何苦呢！"

他很想停下轿子，下去劝一劝那两个吵架的女人，为了一点儿小事不要争吵不休，更不该动手打起架来。可是他的身份又使他打消了下轿的念头，作为当今"礼部尚书"怎好为这对妯娌打架而抛头露面呢？

轿前开道的人正要去呵斥那两个吵架的女人时，突然从屋后跑出一个中年男子。他一把拉住胖女人，说："受了什么魔，疯疯癫癫与人家争吵？真不像话！快放手！"

胖女人放开手。

那男子瞪了胖女人一眼，说："快回家去。"

胖女人悻悻地转身离去。那男子又转身向瘦女人说："嫂子，请原谅她，她做得不对。不管当初爹活着的时候怎么说的，这块地您尽管用。"

那瘦女人望着那连连道歉的男子，忽然呜呜哭了起来，说："好兄弟，我不是要争这块地，我是要争这口气呀！其实，用不用这块地，没什么要紧。只怪我心眼儿小，与弟妹争吵，望兄弟不要见怪。"

那男子点点头，说："自从哥哥病逝以后，嫂子独自拉扯着侄儿们，也不容易。嫂子不要再说了，这地您用吧！"

听到这里，杨翥掀开轿帘，对开道的下属说："往前走，不要管他们了。"

看到那个大度豁达的男子，杨翥心中称赞说："好！好！"

又走了半里路，杨翥到了家。他先到书房歇息了一会儿，等待吃饭。不大一会儿工夫，夫人走进书房。杨翥抬头，笑着问："夫人来请我吃饭？"

夫人摇摇头，说："饭还没有做好。老爷，我来是有事相告。"

杨翥说："夫人请讲。"

夫人向前走了几步，说："本来不想将这些杂事告知老爷，可此事不讲，又觉不妥。大概是因为春天到来，许多人家动土，或种植，或修建，咱家西侧邻居今日修了一条篱笆，占去了咱家宅地一二尺。"

听到此处，杨翥笑了，心中说："真是巧合，今日路上亦遇到此类之事。"

夫人接着讲："按说，邻人多占我家宅地是不对的，可是，可是——"

"可是什么？"

夫人犹豫了一下，继续说："我的意思是说，区区一二尺地，我们就不去计较了，不知老爷以为如何？"

听了夫人的话，杨翥笑了，说："夫人所言甚是，我赞成。"

夫人也笑了，说："我看出来了，你又要诗兴大发，写首新诗了。"

杨翥点点头，说："夫人猜中了，我有四句诗，待我写来，请夫人指教。"

说罢，杨翥提笔铺纸，写下了四句。

余地无多莫较量，一条分作两家墙。

普天之下皆王土，再过些儿也无妨。

■故事感悟

邻居相处，难免有舌头碰牙之事发生，但从以上故事中，我们不但看到了杨翥的宽宏大度，同时也看到了杨夫人的贤惠善良，这充分体现传统美德的一幕令人称赞。

■史海撷英

鄂国公常遇春

常遇春身材魁伟，力大无穷，手臂特别长，善于射箭。元末大乱的时候，他跟随刘聚当强盗，但他觉得当强盗没有前途，就去投奔了朱元璋。刚开始的时候，朱元璋并不重视他，对他说："你只是因为吃不饱饭才来投奔我的，我怎么能收留你呢？"常遇春再三请求，朱元璋才打算给他个机会。朱元璋攻打牛渚的时候，岸上全是元兵，起义军没有人能冲上去。常遇春觉得自己表现的时候到了，他手持长矛就往岸上刺去。元兵接住了他的长矛，他乘势跳上江岸，大砍大杀。元军很快就溃败了，常遇春立了大功，朱元璋这才发现他是个人才，从此开始重用他。

■文苑拾萃

火器的发展

火器制造技术发端于宋朝，在明朝发展到中国古代的最高水平。以现代技术划分，火器有爆炸性火器，如雷管、炸弹等；有燃烧性火器，如火球、燃烧弹等；有管形火器，如火铳、火炮等；有喷射性火器，如火箭等。金属管形火器出现在元朝，这是兵器发展史上的重要事件，从此火器逐步取代冷兵器，向近代枪炮的方向发展。在明朝的开国战争中，已经大规模地使用金属管形火器。其后金属管形火器继续发展，由简单的火铳发展到鸟枪、巨炮，制作技术及性能均有极大提高。

韩琦调和帝后之争

韩琦（1008—1075），字稚圭，自号赣叟。他出生于泉州北楼生韩处（现为泉州文管会立碑保护），后随父韩国华迁相州，遂为安阳（今属河南）人，北宋政治家、名将。

韩琦是北宋著名的大臣。他执政于仁宗、英宗、神宗三朝，对北宋政权的巩固与发展作出了重要贡献。在当时，他的知名度很高，与著名政治家范仲淹齐名，人们称其为"韩范"。

韩琦为人不居功自傲，处理事情很得体，因而受到信任。

宋英宗即位，立即下诏，尊奉仁宗的皇后曹氏为皇太后。曹太后虽然受到尊崇，但想到皇上并不是自己的亲生骨肉，因而心里总有点儿不愉快，跟英宗的关系自然也就不那么融洽了。

英宗即位之初，正身患疾病，不能亲理朝政，曹太后便垂帘称制，亲理政事。英宗患病期间，一改常态，脾气暴戾，动辄责骂、处罚左右太监、宫人。这些太监、宫人表面上虽不敢顶撞，心里却十分怨愤，于是便在曹太后与宋英宗之间来回传递言语、搬弄是非，或是添油加醋，或是无中生有。本来，曹太后与宋英宗之间就有隔阂，这时矛盾就更大了。曹太后埋怨英宗不尊重自己，不像对待母亲那样对待自己；宋英宗也抱怨曹太后对自己没有恩义，不拿自己当儿子待。这件事一时闹得沸沸扬扬，朝中上下无不知晓。虽然有大臣上书劝英宗母子和解，但绝大多数人或说英宗有理，或说太后受屈，党同伐异，是此非彼，眼看宫廷斗争有加剧的危险。

有一天，韩琦、欧阳修在太后面前奏请朝事。曹太后痛哭流涕地将事情的前后经过一五一十地告诉了他们，并且说："我之所以亲政，并不是想争权，而是为了大宋江山，也为了以后有面目见先帝于地下，不料却被人误解，真是有冤无处诉。"韩琦见这是个劝他们母子和解的好机会，忙说："太后不必忧虑，这是因为皇上身患重病举止失常，等病好了，一切自然也就恢复正常了。做母亲的在儿子患病时，还跟他计较这点儿小过错么？"太后止住哭声，但还是有点儿生气，欧阳修也劝道："太后素以贤惠著称，几十年如一日地帮助先帝，仁德遍布天下。过去您处理问题，向来都宽宏大量，以大局为重，从不为个人私利着想。现在，您跟自己的儿子能有什么根本的利害冲突呢？您连自己的儿子都容忍不了，这传出去会让人笑话的。"太后听了，怨气消了许多。这时，韩琦又说道："您远离皇上，不能照料。如果皇上有什么差错，太后难逃罪责。"太后听罢，吃惊地说："你也太不了解我了。我虽是女流之辈，但贵为国母，岂能不明大义，跟皇上过不去？你们尽管放心，皇上的病我会令人悉心调护。"

又过了几天，韩琦一个人去见英宗。英宗抱怨道："太后待我寡恩少情，不像待亲生儿子。"韩琦耐心劝道："自古以来，圣明的帝王数不胜数，只有帝舜以大孝著称，这难道是因为其余的人都不孝吗？只是因为父母慈爱，儿子才孝顺，这是人之常情，不足以宣传表彰；只有父母不慈爱而儿子仍以孝对待，那才值得称赞。如今，陛下与太后合不来，我想恐怕是陛下还没有做到至孝，因为照我看来，太后对您还是很慈爱的。"于是，他就将前几天太后的表现全部告诉了英宗。英宗听后，很是感动，于是与太后尽弃前嫌，和好无间。一场剑拔弩张的宫廷争斗就这样被平息了。

■故事感悟

　　宋英宗与曹太后之间虽有一点儿矛盾，但并无根本的利害冲突，所以也能够很快和好。当帝后之争发生时，韩琦以大局为重，采取息事宁人的方法，动之以情，晓之以理，终于化解了这场纷争。

第三篇

积德行善有义举

冯俊善举假银投河

　　明英宗天顺年间，冯俊进京赶考。冯俊家中不算富有，路费不足，便带了一些家乡土产，边走边卖，换些盘缠，作为路途食宿之用。

　　走到山东时，他又变卖了些土产。晚上，他来到一家店中，喊道："店主人，请备一人饭食。"

　　店主答应道："客官稍候。"

　　不一会儿，饭菜送上。冯俊吃罢，掏出刚刚换来的银两，递给店主。

　　店主接过银两，皱起眉头，说："客官，您这银两是假的。"

　　冯俊大吃一惊，说："不会吧，我是用土产变卖所得，怎会是假的呢？"

　　店主取来些真的银子，对比着说："客官，一比就知。您这不是银子，是白铜啊，一分不值！"

　　冯俊叹了口气，说："请原谅吧。幸好我还有些从家中带来的银子，现先付上饭钱。"

　　清账以后，冯俊又住了一夜。

　　第二天上路了，走到一条河边，他把那些假银子一古脑全扔进河里，说："别让这些假银子再去坑害别人了！"

　　原来，店主人曾给他出主意说，让他把这些假银子一点点使出去，

因为许多人是分辨不出来的。冯俊想：这怎么可以呢？不可不可！

后来，冯俊考中了进士。

■故事感悟

冯俊的故事告诉我们，诚实是人的最基本的品质之一。冯俊虽然自己很贫穷，但不想再以假银害人，因此他受到大家的称赞。

■史海撷英

明朝灭亡的始作俑者

随着明宣宗朱瞻基的去世，盛极一时的明王朝也开始走向衰落。以后的明王朝，不是宦官专权，就是奸臣当道，大明王朝被弄得内忧外患，最后在明末农民起义的大潮中，明朝末代皇帝用三尺白绫自缢在北京煤山。而这一切的始作俑者，就是宣宗的儿子，明英宗朱祁镇。

■文苑拾萃

明英宗处死石亨

作恶多端必自毙。朱祁镇对石亨的跋扈日益不满，已有将之除去之心，其导火线就是石亨在皇城中建造的300余间豪华府第。有一次，朱祁镇在大臣们的陪同下登楼远眺，遥指着石亨的府第问："这是谁家的住宅？如此宏伟！"官员们知道皇帝是明知故问，但也不敢如实相告，只得推说不知。朱祁镇长叹了一口气，自言自语道："都是害怕石亨，不敢说他！"从此，朱祁镇对石亨越来越不信任。1459年夏，朱祁镇以石彪（石亨侄）抗旨为由，将石彪关进锦衣卫狱，并顺藤摸瓜，查出石亨与之有牵连。加上大臣们弹劾石亨招权纳贿、肆行无忌、图谋不轨，于是，石亨也被逮捕，随后于次年春在狱中死去，石彪等人也被处死。

卞庄子割蜜奉病母

卞庄子出生在春秋时代的鲁国卞邑，他不仅是一位英勇的壮士，还是一位德行很高的人。

没有出外做官的时候，卞庄子家住在卞桥东北十几里的蜂王山下。蜂王山上有一窝非常大的蜂群，它们经常成群地飞出来袭击人畜，人们惧怕被蜂蜇，都不敢上山打柴、打猎。

一次，卞庄子的母亲得了重病，疾病折磨得老人吃不下、睡不着。母亲得病后，急坏了卞庄子，他天天伺候母亲，在病榻前喂水喂药，端屎端尿，从不厌烦，还想尽一切办法为母亲做好吃的。老人在卞庄子的精心照料下，病情减轻了许多。

一天，卞庄子到母亲床前问安："母亲，今天您想吃点儿什么？"

"娘的嘴总是觉得苦，想吃点儿甜的！"母亲有气无力地说。

卞庄子为难了："方圆数里，只有蜂王山蜂巢里的蜜是甜的，别的食物都不甜，怎么办呢？"

"既是这样，我儿就不必发愁了！"母亲躺在床上安慰儿子说，"我只不过说说而已，其实不吃也行。"

卞庄子立即从母亲床前站起来说："娘，您放心，孩儿一定给您割来蜂王山的蜂蜜，让您老人家吃到！"说罢，扭头就走了。

"不！孩子，你不能去！"母亲从床上伸出瘦骨嶙峋的手来制止儿子。"我听说，蜂王山的蜂可毒啦，你会被蜇坏的！"

卞庄子安慰说："母亲放心，孩儿晓得，我一定要弄来蜂蜜！"说完，他就背上筐子，拿起柴刀出门，向蜂王山走去。荆条划破了他的手指和衣衫，他全然不顾。进了蜂王山，一个硕大的蜂巢附在山石上，群蜂铺天盖地向卞庄子袭来，卞庄子扑通跪倒在山坡上："尊敬的蜂王啊，请可怜可怜我病重的母亲吧！她只想吃点儿蜂蜜！"

群蜂像是听懂了卞庄子的话似的，向四面八方飞散而去。卞庄子连连道谢："谢蜂王殿下赏蜜！"他立即从腰间拿出柴刀，从巨大的蜂房里割了一块蜜，然后离开了蜂巢。

卞庄子到家的时候，天已经黑了。母亲正惦记着儿子的安危，没想到他平安回来了。

卞庄子一进门就说："娘，我去了蜂王山，向蜂王讨了蜜，您快吃一点儿吧！"他用汤匙为母亲舀了一勺蜜，送到母亲嘴里，母亲吃在嘴里，甜在心里。蜂蜜滋补了母亲的身体，母亲的病渐渐好了。

卞庄子不顾危险为母亲割蜜的故事在泗水卞桥一带流传下来，他也因此赢得了人们的尊敬。

■故事感悟

卞庄子对母亲十分孝敬，而且他的孝心还感动了蜜蜂，使他顺利地得到了蜂蜜来滋补母亲的身体，他的行为值得尊敬。

■史海撷英

卞庄子其人

卞庄子是鲁国著名的勇士，皇疏说他能够独立与虎格斗。《韩诗外传》

卷十记载，卞庄子是个孝子，他的母亲在世时，他随军作战，三战三败，朋友看不起他，国君羞辱他。及其母亲去世三年，鲁国兴师伐齐，他请求从战，三战三获敌人甲首，以雪昔日败北之耻，最后又冲杀七十人而告阵亡。刘向《新序》也记载了这件事。

■文苑拾萃

国风·周南·桃夭

桃之夭夭，灼灼其华。
之子于归，宜其室家。
桃之夭夭，有蕡其实。
之子于归，宜其家室。
桃之夭夭，其叶蓁蓁。
之子于归，宜其家人。

孟子倡孝悌厚葬父母

孟子（约公元前372—前289），名轲，字子舆（待考，一说字子车或子居），战国时期鲁国人，鲁国庆父后裔。他是中国古代著名思想家、教育家，战国时期儒家代表人物，著有《孟子》一书。孟子继承并发扬了孔子的思想，成为仅次于孔子的一代儒家宗师，有"亚圣"之称，与孔子合称为"孔孟"。

在一个秋雨连绵的夜晚，孟子和学生们围坐在一起讨论孝悌和修养的关系问题，爱提问题的公孙丑首先提问："老师，您为什么那么重视孝悌呢？"

孟子解答："因为要实行尧舜的仁政，必须立足于孝悌。"

公都子接着问："那么，什么是孝悌呢？"

孟子解释说："孝顺父母为孝，尊敬兄长为悌。孝和悌是仁义的基础，只要每个人都爱自己的双亲，尊敬自己的兄长，天下就可以太平。"

孟子谴责不孝顺父母的人，他认为不孝有五项内容。

学生公都子问他有哪五项内容，孟子回答："世俗所谓不孝的事情有五件：四肢懒惰，不管父母的生活，一不孝；好下棋喝酒，不管父母生活，二不孝；好钱财，偏爱妻室儿女，不管父母生活，三不孝；放纵耳目的欲望，使父母因此受耻辱，四不孝；逞勇敢，好斗殴，危及父母，五不孝。"

孟子还认为，父母死后，应当厚葬久丧。孟子老母死了，孟子给以隆重的葬礼，棺和椁都选用上等的木料，还专门派学生监督工匠制造棺椁。事后，他的学生也觉得选用的棺木太好了，便带着疑问对孟子说："前几天，大家都很悲伤、忙碌，我不敢向您请教，所以今天才提出问题来。您看，用的棺木是不是太好了呢？"

孟子解释说："对于棺椁的尺寸，上古时没有一定的规定；到了中古，才规定棺厚七寸，椁要与棺相称。从天子一直到老百姓，都这样做的，才算尽了孝子之心。古人都这样做了，我为什么不能这样做呢？我给你们讲孝悌时，不止一次地对你们说过，在任何情况下，可不应当在父母身上省钱啊！"

公元前325年，滕国的国君滕定公死了，太子（即滕文公）派然友去请教孟子怎样办丧事，孟子主张厚葬久丧。他对然友说："父母的丧事，尽心竭力去办就是了。曾子说过，当父母在世时，应按照礼节去侍奉；他们去世了，应按照礼节去埋葬和祭礼，这就是尽孝。诸侯的丧礼，我虽然不曾学习过，但也听说过，就是实行三年的丧礼。从天子一直到老百姓，三年中，都要坚持穿孝服，夏、商、周三代都是这样办的。"

然友回到滕国，把孟子的话向太子汇报了，太子觉得孟子说得有道理，便决定实行三年的丧礼。但是，命令下达后，滕国的百姓和官吏都不愿意，有人说："三年丧礼，连我们的宗国鲁国的历代国君都没有实行过，我们何必去实行呢？"

又有人说："这样做，耗费太大了。"

当时议论纷纷，众说不一。

太子也觉得难办，又把然友找来，对他说："我过去不曾搞过学问，只喜欢跑马舞剑。今天，我要实行三年之丧，百姓和官吏都不同意，恐怕这一丧礼我难以实行，请您再去替我问问孟夫子吧！"

然友受太子的委托，又匆忙坐上马车去请教孟子。孟子听了然友介绍后，严肃地说："唉，这么一件事，太子何必老问别人呢？孔子说过："国君死了，太子把一切政务交给相国，在孝子之位痛哭就是了。这样，大小官吏没有人敢不悲哀的，因为太子亲身带头的缘故啊！"国君的作风好比风，百姓的作风好比草，风向哪边吹，草自然向哪边倒。这件事，太子的态度一定要坚决。"

太子听了然友的汇报后，坚定地说："对，这应当取决于我。"

于是，太子在丧棚里住了5个月，不曾亲自颁布过任何命令和禁令。这样一来，官吏们和同宗族的人都很赞成，认为太子知礼。

5个月过去了，到举行殡葬的那天，各国都派使者来吊丧，四面八方的人都来观礼。太子面容悲哀，哭泣哀痛，参加吊丧的人很多，也都很难过。

后来孟子宣扬的厚葬久丧，已少有人尊奉了，但他提倡的尊敬父母兄长、感激父母的养育之恩，已成为美好的道德风尚。

■故事感悟

古代对父母的孝道也被称为是一种善行。孟子提倡孝道，是孔孟之道的一种表现，体现了流传至今的儒家思想，也是我们称道的传统美德之一，但我们对这一思想也要取其精华，去其糟粕，使这一传统美德健康发展。

■史海撷英

孔孟之道

儒家的创始人是春秋末期的孔子。他主张恢复西周的典章制度和道德规范，人们要使自己的言行符合等级名分。他的政治理想是要统治者推行"仁政"；又提出"仁者爱人"的主张，要求统治者对被统治者的剥削和役使应该有所节制，不要影响劳动者的生存，以免统治者的物质享受没有了来源，所以"爱人"实际上是爱自己。尽管这样，孔子承认了劳动者作为人的起码权利，跟把奴隶看作会说话的工具还是不同的。战国时代，孟轲继承和发扬了孔子的学说，讲究"仁义"，而且特别强调"义"，把它当作判断是非的标准。违背了"义"，就连国君也可以反对。这在当时是挺大胆的。孟轲被人尊称为孟子，是孔子学说的主要继承者。后来，人们把儒家学说又称为"孔孟之道"。儒家学说对统治者巩固政权有很大帮助，所以给后世留下了深远影响。

■文苑拾萃

《三字经》

古人曰："熟读《三字经》，便可知天下事，通圣人礼。"

《三字经》共有1000多字，可谓家喻户晓，脍炙人口。三字一句的韵文极易成诵，内容包括了中国传统的教育、历史、天文、地理、伦理和道德以及一些民间传说，广泛生动而又言简意赅。《三字经》早就不仅仅属于汉民族了，还有满文、蒙文译本。《三字经》也不再仅仅属于中国，它的英文、法文译本也已经问世。1990年，新加坡出版的英文新译本更被联合国教科文组织选入"儿童道德丛书"，在世界范围内推广，也是儿童的必背读物。

如今，已经有1000多年历史的《三字经》依然有着巨大的生命力。在过去，包括章太炎在内的有见识的学者，多致力于《三字经》的注释和续补。模拟《三字经》形式的读物，如《女三字经》《地理三字经》《医学三字经》《西学三字经》《工农三字经》《军人三字经》《佛教三字经》《道教三字经》等层出不穷，风靡天下。

《三字经》与《百家姓》《千字文》并称为"三百千"。

久病床前有孝子

盛彦（？—约285年），字翁子，广陵（今江苏扬州）人。少有异才。彦仕吴，至中书侍郎，吴平、陆云荐之于刺史周浚，本邑大中正刘颂又举彦为小中正。太康中卒，有集五卷。

盛彦少年时代便很有才能，当时有一位名叫戴昌的太尉曾以赠诗形式考验他。盛彦面对满座官僚文士，慷慨作答，没有一点儿理解错误的地方，受到文士们的赏识。

盛彦的母亲王氏非常勤劳节俭，不仅亲自操持家务，还时时督促盛彦读书识字，教他以礼待人……后来，由于过度操劳，母亲得了一场重病，眼睛也瞎了。家里虽然雇了一个女仆，但许多事都落在了盛彦身上。他一边帮母亲安排日常生活，一边拼命读书，他的才干也越来越受人重视了。成年以后，官府鉴于他极有才能，多次征召他去做官，盛彦每次都以母亲病势沉重而推辞了。每当谈到母亲双目失明、日常生活很难自理、重病缠身的情形时，盛彦就止不住悲伤，痛哭失声。他每天每顿饭都要亲手喂母亲吃，凉、热、咸、淡都是他先尝一尝。这样坚持了好多年，母亲的病才有一点儿好转。

母亲病了好久，女仆当然会受累，于是暗暗产生了怨恨的情绪。有一回，盛彦外出办事，那个女仆就生出了坏心，到屋子后面的菜地里捉了一些金龟子（吃植物根茎的小虫）的幼虫，放在瓦片上烤熟了给盛彦的母亲吃，还撒谎说是好东西。她母亲吃了一些，觉得好吃，于是就以为这确实是难得的好东西，顺手捏了一点儿偷偷留了起来。后来，盛彦回家后，母亲就把烧熟的金龟子给他看。盛彦一看，立刻跪在母亲面前，哭着向母亲赔罪，深责自己照顾不周全，叫母亲遭罪了。他母亲却安慰他："这东西吃了也没什么事，我倒觉得眼前好像有点儿亮堂了。"盛彦一听，异常惊喜，打来一盆清水，给母亲轻轻擦拭。没一会儿，母亲的双目就能清楚地看见东西了。盛彦这时候以为当初错怪了女仆，竟然向女仆跪谢，女仆却羞愧得一声不吭地站在那儿一动也不动。

由于盛彦孝顺母亲，善待仆人，家里越来越和睦了。

■故事感悟

盛彦的母亲重病缠身，双目失明，生活不能自理，他为了照顾母亲，多次辞官。由于仆人的怨恨，使母亲误食金龟子，阴差阳错地治好了双眼，我们不能不说这是好心有好报。

■史海撷英

五胡乱华

五胡乱华前，当时外族有匈奴、羯、鲜卑、氐、羌、乌桓、巴人及高句丽人。八王之乱期间，司马氏在地方上影响力顿减，地方势力不断膨胀，外族陆续叛变，成汉与前赵先后独立。氐族李雄在益州逐渐势大，于

304年称王，两年后称帝，国号成，史称成汉。304年，司马颖遭王浚围攻，遣匈奴领袖刘渊回并州发兵支援，刘渊乘机宣布独立。308年，刘渊称帝，国号汉，后称前赵。李雄与刘渊的独立，开启了五胡十六国时期。晋室在八王之乱后面临一场覆亡危机。

刘渊为了扩充版图，遣子刘聪掠夺洛阳，大将石勒及王弥掠夺关东各州。310年，刘渊去世，刘聪杀新帝刘和自立为帝。同年，石勒经宛城、襄阳，掠夺江汉一带，隔年北返。当时关东又有蝗灾，洛阳缺粮，司马越率朝中重臣及诸将东讨石勒，弃怀帝于洛阳。

311年，晋怀帝与司马越的矛盾爆发，密绍苟晞伐之，随后司马越病逝，王衍率军归葬封国。当他东行至苦县（今河南鹿邑县）时，遭石勒袭击，晋军精锐受屠尽亡，重臣降后被杀。此时洛阳空虚，刘聪、王弥及石勒合兵攻破，杀害官员和百姓3万余人，掳走晋怀帝，史称"永嘉之祸"。313年，晋怀帝被杀，晋愍帝于长安继立帝位，刘聪派刘曜持续攻打。316年晋愍帝投降，最后受辱被杀，至此西晋灭亡。而后，各族陆续在北方建立国家，史称"五胡十六国"。

西晋灭亡后，在北方尚有三个忠于晋朝的地区，即并州北部刘琨、幽州段匹磾、凉州张寔。然而，并州刘琨先被石勒击溃，投靠幽州段匹磾；段匹磾则奉东晋密令将刘琨处死，之后段匹磾也被石勒击败。最后，在凉州的张寔去世之后，其弟张茂向前赵的刘曜称臣。至此，东晋在华北的势力全部被消灭。

孙思邈太白山学医

　　孙思邈（581—682），汉族，唐朝京兆华原（现陕西铜川耀州区）人。他是著名的医师与道士，中国乃至世界史上著名的医学家和药物学家，被誉为药王永淳元年（682年），与世长辞。

　　17岁的孙思邈，为了医治父母所患的雀目病和粗脖子病，不畏人生路远，终于来到铜官县，找到一位名医，可这位医生不会治雀目病和粗脖子病。尽管如此，他还是不死心，硬是拜师学习了一年，一年以后回乡行医，同时继续寻找治双亲病的方法。

　　一天，他给一个远道而来的病人治好痼疾，病人感激地说："孙先生年纪不大，可医术超群，真是复生的扁鹊、再世的华佗啊！"孙思邈听了忙说："哪里，哪里！我连父亲的雀目病、母亲的粗脖子病都治不好，哪敢与古代名医相比！"病人见他将双亲的病挂在心上，很受感动，想了想说："我家住在秦岭里面，那儿粗脖子病人很多，我表妹就患了这种病，被太白山上的一位先生治好了。"孙思邈听后，欣喜若狂，忙问："这位先生叫什么名字？"病人说："叫陈元，是江南人。"

孙思邈一心想治好双亲的病，第二天就动身赶往太白山。400里山路，交通不便，其旅途艰难程度，可想而知。但是，孙思邈却以惊人的毅力战胜了旅途上的重重困难，终于来到了美丽的太白山脚下，几经周折，找到了陈元。陈元并不是医生，他是从父亲那里学会了治粗脖病的方法。孙思邈满怀信心地住下来，一边行医，一边同陈元采药闲聊，有意探求治雀目病的方法。

一天，陈元边采药边说：“我爹说，不知啥原因，雀目病待人不公平，专欺侮穷人，富人就不患这种病。”孙思邈听了，心里一动：“看来穷人身体一定是缺少某种东西才患这种病的。如果让穷人也吃上富人吃的东西，说不定就能治好雀目病。”于是他就叫一位病人接连吃了几斤猪肉，可仍不见好。他又翻药书，见有“肝开窍于目”一条，他想：“如果给雀目病人吃肝，一定会奏效的。”于是他就给一位患者买了几斤牛羊肝吃。几天后，病人的身体果然大有好转，又吃了一些，竟痊愈了！

孙思邈由此受到启发，进一步探讨粗脖子病因。几经调查研究，发现这种病同长期喝一种水有关，如何治疗，还需进一步研究。

有一次，一位猎人射死一只鹿，请孙思邈去吃鹿肉，他吃着吃着想起来：“吃心补心，吃肝补肝，那么吃鹿靥能不能治粗脖子病呢？”后经实验，果然有效，而且羊靥也行。

孙思邈太白学医，不仅找到了治疗双亲疾病的有效方法，而且丰富了医学知识，为他后来成为隋唐时期杰出的医学家奠定了基础。

□故事感悟

孙思邈是我国隋唐时期著名的医学家，由于医术精湛，他一生救人无数。为了给父母治病，他不惜跋山涉水去求医，终于寻到了治好父母病的方法。同时经过潜心研究，不懈努力，他还为很多病人解除了病痛。他的药方经过实践的验证，至今仍在流传。

先于外国1000多年的成就

孙思邈大部分时间生活在山区，他看到那里的人民由于生活贫困，常患有营养不良的病症。他当时虽然并不知道这些病的病因，但通过细心观察摸索和临床实践，得知这是因为缺乏营养的缘故。他用海带等做药物，治疗大脖子病（现在医学上称为甲状腺肿大）；用猪肝、牛肝等治疗夜盲症；用杏仁、吴茱萸等治疗脚气病。从现代医学看，孙思邈当时使用的这些药物对于治疗上述病症是非常正确的。欧洲人第一次论述脚气病，是在1602年，而孙思邈在7世纪就对该病作了详细的记载，并且掌握了正确的治疗方法，这些光辉的成就先于外国人1000多年。

孙思邈重视卫生工作

孙思邈特别重视卫生工作，他告诉大家不要随地吐痰，"学习不唾地"；他提醒人们要经常劳动，但不要过于疲劳；吃饭要细嚼慢咽，不要过饱；饮酒勿过量，饭后要漱口，睡觉不要蒙头；等等。这些卫生常识直到今天仍然适用。孙思邈活了101岁，大概与他讲究卫生也有很大的关系。

王缮主动替人受过

司马郎中王缮，致力于研究三传春秋，曾中进士。后调到沂州（今山东临沂）任录事参军，在这里，他与一位任司户参军的鲁宗道相识，成为好友。鲁宗道家中人口多，又很贫穷，还经常领不到每月应得的俸禄，所以王缮经常接济他。一次，鲁宗道家中有事急用钱，无奈只好恳求王缮从俸钱中借一些给他。

由于鲁宗道平日里对部下管束极严，因此库吏怀恨在心，就向州官告发了他私借俸钱的事，州官要将鲁宗道和王缮一并弹劾。王缮对鲁宗道说："你就把过错都推到我的身上，你自己不要承担责任。"鲁宗道不忍心这样做，他对王缮说："因为我家贫穷而向你私借俸钱，过错是由我引起的，你是无辜的，怎么能让你替我承担责任呢？"王缮开导他说："我这个人碌碌无为，是个胸无大志的平凡之人，我获罪没有关系。何况，把官钱私借给别人，这个过错也不至于到免职的地步。而你年轻有为，豪爽正直，是朝廷的栋梁之才，不要因这点儿小错而影响你的远大前程。况且，我们二人同时获罪，毫无意义。"

在王缮的一再劝说和坚持下，终于开脱了鲁宗道，而全由王缮独自承担罪责。事后，鲁宗道非常感动，又惭愧得无地自容，王缮却一如既往，毫无怨言。但因此事王缮得到的是"沉困铨管二十余年"，一直未能得以晋升官职。

王缮到晚年时，因有人推荐，被召到吏部述职答对，状其功过，在他的奏章中提到鲁宗道的姓名。这时的鲁宗道已经升了官，正侍立在宫内大殿中。仁宗皇帝问他："这里说的鲁宗道是你吗？"鲁宗道就将此事原委细细讲给皇帝。仁宗皇帝感叹说：王缮真是位仁厚的长者啊！"

从此，王缮屡次得到晋升，田园丰腴，子孙繁茂，晚年生活很幸福。

在封建社会里，像王缮这样为别人前程着想，主动承担罪责，不计个人得失的精神，实在难能可贵。

▉故事感悟

王缮因朋友鲁宗道家有急事而把官钱借与他，自己承担了所有的后果，因而获罪得不到晋升，但他毫无怨言。他认为急人所难是他应该做的，表现了他处处为别人着想，宁肯牺牲自己，也要帮助别人的优秀品质。

▉史海撷英

奸臣贾似道

贾似道从小就游手好闲，不思进取。后来，他的姐姐被选入宫中，受到宋理宗的宠爱，被封为贵妃，贾似道凭借姐姐的势力一下子就被提拔为太常丞和军器监。从此，他依仗宠幸更加放荡，白天去一些风月场所，晚上就在西湖上游玩。有一次，宋理宗在夜里登高，看见西湖灯火通明，就对左右说："那一定是贾似道。"第二天一问，果然是他。宋理宗让京兆尹史严之好好告诫他，史严之却说："贾似道年少贪玩，但他的才能是可以大用的。"

　　贾似道仗着姐姐受皇帝宠爱，官运亨通，才三十几岁就当了枢密院的长官，主管全国军事。孙子秀被任命为淮东总领，但忽然有传言说贾似道密奏皇上，认为不能让孙子秀上任。提拔孙子秀的宰相董槐害怕了，去单独询问皇帝，皇帝不承认有这件事。董槐为求万全，最后还是没有让孙子秀去上任，而改任贾似道的朋友陆蟄。可见贾似道当时的权势有多大。

■文苑拾萃

童年朱熹

　　朱熹小时候很聪明，刚会说话的时候，父亲指着天告诉他："这是天。"朱熹问道："那天上边是什么呢？"他父亲很惊讶儿子的问题。上学后，老师给他一本《孝经》，他读了后在上面题字道："不这样做，就不是人。"18岁的时候，朱熹成为贡生，不久中了进士，担任泉州同安县主簿。他在任的时候，挑选了很多优秀人才到学校里学习，天天和他们一起讨论修身养性之道。不久他被朝廷征召，但以有病为借口推辞掉了。

陈君宾储粮济邻灾民

中国古代没有专门的救灾机构，如果碰上灾荒，主要由地方官负责赈济灾民。州县官吏能组织百姓度过荒年，已经很不容易了，如果还能救助其他州府的百姓，更是难能可贵。

唐太宗时期，就曾有过这样一位出色的地方官陈君宾。

陈君宾是陈朝鄱阳王陈伯山之子，隋朝时曾任襄国太守，唐高祖武德初年率全郡归顺唐朝。贞观元年，任邓州刺史。

邓州位于豫、鄂交通要道，是防守荆、襄的门户。隋末的战乱对这里破坏非常严重，百姓流离失所，苦不堪言。

史书上对邓州当时的情形曾有这样的描述："隋末乱离，毒被海内，率土百姓，零落殆尽，州里萧条，十不存一。"可见邓州遭受破坏多么严重。

唐初统治者忙于全国统一战争，也未更多地顾及恢复生产。陈君宾上任后，首先发安民告示，招抚百姓返回家园，恢复生产。一个月的时间，流散各地的百姓纷纷回到邓州。小农经济具有易受破坏，恢复也快的特点。只要政治稳定，与民休息，轻徭薄赋，很快便可重新发展起来。由于治理得当，仅一年的光景，邓州的农业生产便已恢复，粮食丰收，州内一派繁荣景象。

第二年，全国各地普遍遭霜、涝灾害，关中六州等地遭受大旱，灾情十分严重，只有邓州没受到饥荒影响，百姓家家有粮食储备，足见陈君宾治农积储有方。这年因灾情较重，唐太宗下令灾区百姓可以到各地就食。远在五六百里外的蒲州（今山西永济县西）、虞州（今山西运城西南）饥民都涌入邓州谋食。陈君宾带动全州官吏及百姓，以户为单位，每家根据自己的能力收养安置流民，使入境的灾民顺利度过了荒年。当灾民返回家园时，邓州的百姓仍有余粮，于是又把粮食换成布帛，送给灾民添置衣物。

唐太宗对邓州官民妥善赈济其他州灾民的做法非常满意，不仅给每位官吏记了功，还给凡是安养饥民的百姓免除一年的户调，并特意颁布诏书嘉奖他们。诏书中说："如此用意，嘉叹良深。一则知水旱无常，彼此递相拯赡，不虑凶年；二则知礼让兴行，轻财重义，四海士庶，皆为兄弟。变硗薄之风，敦仁慈之俗，政化如此，朕复何忧！"

邓州官民顾全大局，深明大义，行助人为乐之风，赈救邻郡灾民，理应得到赞誉。但这一切，首先要归功于陈君宾稳定社会、发展生产的安民良策和率先垂范、以身作则的为官之道。

■故事感悟

作为邓州的父母官，大灾之年管好本州的百姓，使他们有吃有喝不再挨饿已实属不易了，但陈君宾还能收留、安置、救济其他州的灾民，使他们也顺利度过灾年。这种做法无论古今都是大善之举，真是令人敬佩。

■史海撷英

李世民夺位

武德九年（626年）六月四日，长孙无忌、尉迟敬德等人伏兵玄武门（长安太极宫北面正门），发动政变。李世民亲手射杀李建成，尉迟敬德射杀李元吉。三天后，李渊无可奈何，便立李世民为太子，两个月后又传位给他。李世民继帝位，史称唐太宗，改年号为贞观。

善于纳谏的唐太宗

魏征作为唐太宗的谏臣，先后进谏200余事。他刚直不阿，常常"犯颜直谏"，有时把唐太宗搞得怒不可遏。但他依然神色不变，坚持自己的意见，直到被接受为止。因此，唐太宗一方面恼他，另一方面又很看重他、敬畏他。有时，唐太宗想干什么，但考虑到魏征可能会进谏劝阻，也就打消了念头。如有一次，唐太宗想去南山游历，怕魏征谏阻就不敢行动；另一次是太宗准备东去泰山举行"封禅"大典，由于魏征反对，他也作罢了。还有一次，太宗因想念死去的长孙皇后，在御苑中筑起一座高楼，以便能登楼远望昭陵，但遭到魏征的谏讽，便下令把这座楼拆了。

姚广孝开仓放粮赈灾

姚广孝（1335—1418），法名道衍，字斯道，自号逃虚子，汉族，苏州长洲县（今江苏苏州）人。幼名天禧，少年出家为僧。他是元末明初政治家、高僧，出自显赫的吴兴姚氏。

洪武十五年（1382年），姚广孝以高僧被召，随燕王朱棣赴北平（今北京），从此成为燕王朱棣身边的亲信谋士，帮助燕王发动"靖难之役"，夺位登基，名列"靖难"第一功臣。但因他的出家人身份，初未还俗，只任僧录司左善世，掌管佛教事务。

永乐二年四月，明成祖朱棣特下诏谕，赐敕姚广孝为太子少师，为其复姚姓，赐名广孝。从此，他才由道衍和尚一变变为太子少师姚广孝。

明永乐二年（1404年）五月，浓墨般的乌云伴着滚滚的雷声遮盖了江南水乡，紧接着便是瓢泼大雨从天空倾泻下来。转眼之间，水天浑为一色，一切都被笼罩在大雨之中。

雨一天天不停地下着，乌云仿佛被定在了空中，尽情地发泄着自己的不满，躲在村舍中的人们骇然无措。他们纷纷跑出家门，来到田间，望着一片汪洋，不由一阵恐惧———一场灾难来临了。

明朝嘉靖年间所修的《吴江县志》中，把这场水灾记到了《灾异》类中：永乐二年五月大雨，田禾尽没……儿女辈呼父母索食，绕车而哭；男妇壮者，相率以糠杂菱、荚、藻、荇食之；老幼入城行乞，不能得，多投于河。

这场大水灾波及苏、松、嘉、湖、杭五府，这五府正是江南以往最富庶的产粮区。

六月，朝廷得到地方官府的灾情报告，明成祖立即决定对灾区开仓赈济。在下诏赈灾的同时，他考虑选派一名得力的官员前往灾区主持赈济之事，而他几乎毫不犹豫地选定了新任的太子少师姚广孝。

得到成祖的诏令，姚广孝立即动身，回到了阔别20余年的故乡。一个当年托钵的游僧，如今却是衣锦还乡的钦差大臣。但是，昨天他"威声赫赫，车徒甚盛"奉旨离京，今日看到的却是故乡水灾的惨景。望着那些垂死挣扎的灾民和到处可见的弃尸，他震惊了。这次回乡对姚广孝来说，绝不仅仅是荣耀，更重要的是一份责任。

从苏州到松江（今属上海），从杭州到嘉兴，姚广孝奔走于各府县之间。他要督促各地官府开仓发米，赈济灾民，帮助他们渡灾，还要同地方官员核计免税。对于如实报灾、认真赈济的地方官员，姚广孝给予表彰支持；对于以淹报稔，一味催办租赋的地方官员，姚广孝查实后均予责罚。

这位70岁的高龄老人，不顾大雨后夏日的炎热蒸晒，把自己的全部身心都投入到这场救灾工作之中。在姚广孝的主持下，各府县开仓放粮，并且免去了当地田赋30万石，在一定程度上缓解了灾民们的负担。

救灾工作之暇，姚广孝喜欢穿上一袭旧袈裟，去访寻乡里故旧亲友，并把成祖赏赐的金帛分赠给他们。他那在贫困中度过一生的父母均已亡故，因为家贫没有墓地，连遗骨和坟墓都不曾留下，姚广孝想祭扫一下都不可能，他只好请人制作了父母的灵位，放进少年时出家为僧的妙智庵中。

姚广孝徒步走到故友王宾家中，两位老朋友见面，有说不完的话。王宾为此专门撰写了《赈灾记》，颂扬了姚广孝为民放粮的功德。

这位身居高位的功臣，在家乡父老面前，依然是往日的僧人。他下令将数以万石计的粮食分赈乡民，自己却经常只吃些身边带的干粮。

有一天，他独自外出，路过寒山寺，走得又饿又累，便坐在寺外亭子里吃起干粮来。谁知正遇上一个姓曹的县丞经过这里，看见一个老和尚坐在亭子里吃饭，县丞觉得奇怪：如今是饿殍遍地，一个老和尚竟还有吃的，就把他抓了起来，看看他到底是什么来历。于是，老和尚被抓了起来。姚广孝手底下的人到处找他，终于在县监狱中找到了他。

这一来，可把那姓曹的县丞和地方官员吓坏了，纷纷前来请罪。姚广孝没有说话，提笔在纸上写了几句，交给官员们，大家打开一看，原来是一首诗。

敕使南来坐画船，袈裟犹带御炉烟。

无端撞着曹县尹，二十皮鞭了宿缘。

众人这才知道，姚广孝并未将此事放在心上，不由转忧为喜。姚广孝这时才严厉批评那曹县丞道："野僧路边吃饭，碍汝何事？书生为官，不可张狂欺人！"这样豁达的胸怀，更使人们感到由衷的敬佩。

百姓忘不掉姚广孝的功德，尽管后来有人对他帮助明成祖夺位感到不满，造谣诬蔑他，但苏州人民还是为他建造了祠堂，树碑立传，作为永久的纪念。

■故事感悟

姚广孝不顾夏日炎炎，全身心地投入了救灾工作中，自己却只吃些身上带的干粮。为此，他的好友王宾专门撰写了《赈灾记》一文，颂扬他为民放粮的功德。从文中我们知道，这场灾荒在历史上是十分严重的，姚广孝救灾的功劳也是相当大的。

■史海撷英

张居正的"考成法"

张居正很痛恨官员贪赃枉法、胡作非为的行径，于是制订了"考成法"，就是要对官员定期考试，不合格的就降职甚至罢官，对合格的官员给以奖励并且升职。这一来，那些奸臣可害怕了，不敢再明目张胆地干坏事了；而有才能的官员则更加努力工作，知道总有一天会被升职的。

有了"考成法"，许多清官能为民办事，百姓们更是拍手称快。

■文苑拾萃

红丸案

泰昌元年（1620年）九月，也就是朱常洛当皇帝一个月后的一天晚上，他忽然肚子疼，腹泻而且头痛。身边侍候的太监连忙叫太医进宫，过了一会儿，一个叫李可灼的官员手捧红丸进献皇帝，称这是祖传秘方所制，百病皆除。朱常洛看这个红彤彤的丸药，不管三七二十一，先吃下去再说。也别说，第二天朱常洛果然精神倍增，红光满面。他十分高兴，不仅大大称赞了李可灼的忠心，还让他再献一颗。当晚朱常洛吃完第二颗红丸，却腹痛难忍，一命呜呼了。谁也搞不清皇帝怎么会忽然暴病死去，这个神秘的"红丸案"也就成了一个千古之谜。

解士雄舍粥济穷人

　　清朝乾隆年间，江苏海州有一位以救济乡亲闻名的"解善人"，他叫解士雄，为人朴实诚恳，乐于助人，以救济贫困百姓为己任。亲族之中，有老人病故无钱殡葬的，孩子嫁娶无力承办的，往往都要靠他来帮忙。年底农事清闲时，他常到本村各家走走看看，发现有穿不上衣服吃不上饭的人，总要想办法送米送布尽力帮忙。

　　"解善人"这个名字就是这样得来的。

　　乾隆十四年，海州大旱，粮食不收，到处都是饥民。当时，海州知州林光照在州里设粥厂救济饥民，解士雄参加了救济，也捐了钱。因为他的家乡白塔埠镇受灾最严重，他决定回家在本乡单独开设粥厂。

　　解士雄家办的粥厂分男女两个棚子，他和妻子每人负责一个。

　　每天半夜他们就要起床，带领家人洗米烧柴，准备熬粥。早晨天还没亮，门外已经围了一大群准备领粥的人了。解士雄夫妇俩先尝一碗，然后亲自操勺给饥民散粥。

　　解士雄夫妇为什么要先自己尝粥呢？事情是这样的：刚开始舍粥时，解士雄夫妇只在一边监督，没有亲自动手。可一连几天，喝粥的人都抱怨说粥里沙子太多，简直难以下咽。听到这样的反映，解士雄立即把管家找来，问到底是怎么回事。管家对解士雄提出的问题支吾搪塞，解士雄愈发觉得不对头。后来他终于弄明白了，原来是管家在米上做了手脚，把他家舍粥用的好米全都换成了劣质米，从中渔利，装进了自己的腰包。弄明白事情的真相之后，解士雄夫妇不再观看了，而是亲自动手，从淘米下锅到粥好了，自己先亲口尝了之后，做到心中有数，才把粥施舍给饥民。

解士雄对妻子说："好事一定要办好。本来做的是善事，却惹人家戳脊梁骨，何苦呢？"当然，那个见财起意的管家因为在舍粥米上做手脚，被解士雄解雇了。尽管他几次三番冲解士雄哭天抹泪，甚至对天发誓决定痛改前非，解士雄仍坚决辞退了他。他认为，这样分不清轻重缓急只往钱上盯的人，迟早是要被金钱所害的。

这一年从冬到夏，每天都要有几百人来领粥。整整6个月过去了，受到救济的饥民有上千人。

这年播种季节到来时，很多农家因无籽种已经弃田不耕，解士雄就把自己家库存的粟、麦拿出来，根据各家田地多寡，贷给他们种子粮。从他家借走粮食不立债券文书，收下粮食还债时也不要利息，实在还不上的他也不去追讨。

后来，官府准备把捐献赈济的人家登记上报，知州林光照认为解士雄的行为很值得嘉奖，准备把他的名字上报，解士雄却推辞说："我一个乡下人，拿自己的积存帮助一下乡亲，怎么敢炫耀求荣呢？"解士雄说出了自己的真实想法。他只是出于一片善心，根本没有沽名钓誉的虚荣所求。

■故事感悟

舍粥，一定要舍好米的粥。本来做的是善事，就一定要把善事真正做好，既是善心的体现，也表明一片赤诚。这应该是解士雄的真正追求。

破落的曹雪芹

曹雪芹成年之后，按内务府旗人都要在宫廷当差的规定，也出来当差，在右翼宗学担任教习。曹雪芹性格狂放，过不惯宗学里那种拘谨刻板的生活，不久就丢了差事，离开了宗学。这时，曹家的家境已是一天不如一天了。他们鲜衣美食地挥霍惯了，没过多久就把那点祖产卖了个精光。曹雪芹穷得在城里实在住不起了，就搬到了乡下。他住在西山脚下的一个小山村里，家里只剩下一张旧绳床、一只破板凳和一张桌子。他靠旗人的"口粮"和卖字画过日子，常常只能喝粥充饥。遇到诗朋酒友来访，他只好硬着头皮到村头小酒店去赊账，打点儿酒来招待客人。

生活虽然很清苦，可曹雪芹也有自己独特的乐趣。离开了嘈杂纷乱的都市，过上了恬静清新的田园生活，曹雪芹的思绪也渐渐被这淳朴的大自然净化了。他细细琢磨着自己家族的沉沦，悟出了社会已经从内部烂透了的道理。于是，他开始埋头写作长篇小说《红楼梦》，把他的想法用隐晦的笔法写进了小说。没钱买纸，他就用废纸，甚至把黄历（也可写为"皇历"）拆了，反过来折上，订成本子用。十年以后，小说基本写成了。

第四篇
从善如流己受惠

童子责问孔子

孔子（公元前551—前479），春秋末期思想家、政治家、教育家，儒学学派的创始人。名丘，字仲尼。鲁国陬邑（今山东曲阜东南）人。他曾修《诗》《书》，定《礼》《乐》，序《周易》，作《春秋》。孔子的思想及学说对后世产生了极其深远的影响。

在河南省修武县城西的五里堡村西头的路边上，矗立着一块石碑。石碑上刻着五个楷书大字：孔子问礼碑。

2000多年前，春秋时的孔子向一个7岁的孩子项橐问"礼"的事就发生在这里。

孔子为了推行他的儒家学说，由他的学生们陪伴着，驾着车，周游列国。

有一天，他们来到郑国，忽然看到一个孩子在地上堆砌着碎石烂瓦玩，挡住了孔子的车。驾车的子路对那孩子吆喝道："喂，小孩子，让开，让我们的车过去！"

可是，那孩子没有理睬子路，仍专心致志地堆砌着瓦石。

孔子摇了摇头，从车上走下来，走到那小孩子面前，生气地问："喂！你这孩子怎么回事？到边上去玩，不要在这儿挡住我的车！"

那孩子抬头，望了望孔子，反问道："老人家，您看看我修造了什么？"

孔子低头看，哈，地上是这个孩子用碎石烂瓦堆砌成的一座城池。

孔子不耐烦地说："好啦！你真不懂礼节！你挡住了我的车，误了我赶路啊！"

那孩子眨眨眼睛，质问孔子："您是说我不懂礼节？那么，请问老人家，世上是车给城让路呢，还是城给车让路呢？"

知识渊博的孔子一时竟不知怎样回答好了。

他想：是啊，不能把这个孩子摆的城池当成玩耍。我把它当成玩耍，可孩子不是这样，他认为这是一座真正的城池！再说，城是死的，车是活的，当然城不能给车让路，应该是车绕道过去。此外，人家孩子的城池是先有的，我毕竟是后经过这里呀……我倡导礼义，看来我还不如这个孩子懂得礼节……

想到这儿，孔子不生气了，就说："你说得对。你叫什么名字？"

那孩子答："我叫项橐。"

孔子又问："你几岁了？"

项橐说："7岁。"

孔子感叹地对身旁的众学生说："三人行必有吾师！项橐这孩子很懂礼节，虽然年龄小，但在这一点上可以做我的老师了啊！"

说罢，孔子告别项橐，和学生们驱车绕"城"而过。

后来著名的启蒙读物《三字经》上的"昔仲尼，师项橐"两句话，讲的就是这个故事。

孔子是我国春秋时期著名的思想家、教育家，他一生弟子三千，可谓桃李满天下。他一生倡导礼，但在礼上被一个小孩子给教育了。但他接受了小孩关于礼的观点，并谦虚地认为，如果说得有道理，谁都可以当自己的老师。

孔子提倡"仁"

孔子在为人处世方面大力提倡"仁"的学说。他认为，人与人之间应该相爱。他给"仁"字下的定义是"仁者爱人"，提出了"克己复礼为仁""己所不欲，勿施于人"等论点，但他提倡的"仁"，实际上是以维护贵族等级秩序为目的的。在认识论和教育思想方面，孔子注重"学"与"思"相结合，提出了"温故而知新""学而不思则罔，思而不学则殆"等观点，还主张"有教无类""学而不厌，诲人不倦"，但鄙视体力劳动。在政治上，孔子提出"正名"说，认为"名不正则言不顺，言不顺则事不成"，在维护等级统治的基础上，宣传德治和教化，反对苛政和任意刑杀。

孔子在73岁时逝世。自汉朝以后的2000多年间，孔子的学说成为我国封建文化的正统思想，历代的封建统治者一直把他尊为圣人。他创立的儒家学派对我国古代的思想政治影响极大。孔子学说中的有些论点，直到今天仍有参考价值。

孔子的著作

孔子周游列国十多年，拜见了许多国家的君主，却始终得不到实现他政治抱负的机会，就又回到鲁国，开始专门从事著作与教育。他在洙、泗二水的交界处设了一个讲坛，广招弟子，热心讲学，这便是历史上有名的杏坛设教。孔子在讲学之外，还专心著述，把历代的重要典籍重新整理编订了一番，最后编成为六部书籍。分别是：

《诗经》——一部古代的诗歌总集。本来非常杂乱，孔子将它们编辑删存为 305 篇。

《书经》——一部古代历史资料，孔子进行了分类整理。

《易经》——一部哲学书，孔子作了注释。

《春秋》——本来是鲁国史官的记述，孔子加以删修，成为我国第一部编年体的历史著作，记载了公元前 722 年到公元前 481 年的大事。后人把这 200 多年的历史称为"春秋时期"，书名由此而来。

《礼》——经孔子整理的一部叙述古人礼节的书。

《乐》——经孔子审订的一部音乐书。

此外，还有一部《论语》，是孔子的学生们记录孔子言论的书，反映了孔子的思想和学说。

这些文献都是中国古代文明的结晶，为后代继承和总结历史文化遗产提供了珍贵的资料，对我国古代文化的保存和发展起到了重要的作用。

林则徐谨遵师言

林则徐（1785—1850），字少穆，福建侯官人。他是鸦片战争时期主张严禁鸦片、抵抗侵略的爱国政治家，史学界称他为近代中国"开眼看世界的第一人"。

1839年（道光十九年）1月8日，林则徐被道光皇帝任命为钦差大臣，带着赴汤蹈火、置祸福荣辱于度外的气概，离京南下，去进行他一生中最光辉的、也是中国近代史上最光辉的抗英禁烟事业。

他几乎背下了道光皇帝的诏书：谕内阁，湖广总督兼兵部尚书衔林则徐着颁给钦差大臣关防，驰驿前往广东，查办海口事件，所有该省水师兼归节制，钦此。

离京前夕，林则徐去拜别老师沈维铮。沈维铮十分替他的前途担忧，说："你前往广东，责任重大。你的清廉、刚正、勤快、认真，我都放心。你会一往无前，不怕刀山火海，这我相信。可是……"

老师说到这儿，停了下来。

林则徐望着老师，希望听老师再多说些提醒与教导的话。

老师似乎明白了学生的意思。他接着讲："可是，你知道，你的上下左右是很复杂的，人心隔肚皮，谁知哪天刮什么风？"

林则徐点点头。

老师又说："遇事不要急，要深思熟虑。不要鲁莽，不要急躁，要一步一个脚印，稳扎稳打。"

林则徐点头，说："是，我记住了。面对着前边与背后都可能射来的利箭，务必沉着，不可急躁，我记住了。"

老师留林则徐用餐，林则徐说："老师的心意我领了。老师放心，假使有利于国家，我一定竭尽全力，不为老师增加耻辱！"

林则徐到达广州后，书写一条幅挂在墙上，那条幅上写着两个行笔挺健的字：制怒。

每当急躁时，每当遇到挫折时，每当要发火时，他都抬头看一看，然后马上改变心态，冷静地去处理问题了。

□故事感悟

林则徐的老师沈维鐈对他的影响巨大，他一生也没有忘记老师的谆谆教导，并把老师的嘱咐写成条幅挂在墙上，当作座右铭时时提醒自己，让自己改正缺点、修正己身，这说明林则徐是个重视自我修养的人，值得大家学习。

□史海撷英

洪秀全建都"天京"

1851年1月11日，数万名武装起来的拜上帝会会员在金田村举行武装起义。洪秀全在一片万岁的欢呼声中，宣布建立太平天国。9月25日，太平军攻克永安州（今蒙山县）后，洪秀全被推举为天王，并且组成了以他和杨秀清、萧朝贵、冯云山、韦昌辉、石达开为中心的领导集团。

洪秀全领导太平军，克服了革命初创时期的艰难，击溃了清军的围剿，并乘胜北上，围桂林，战长沙，转战于广西、湖南、湖北三省。由于军纪严明，秋毫无犯，深受人民拥护，势力大增，队伍发展很快，待攻下武汉三镇时已经是一支拥有50万人马的浩荡大军了。随后全军水陆并进，沿江东下，于1853年8月20日一举攻下南京，并在那里建都，改称"天京"。

■文苑拾萃

清官林则徐

林则徐少年时期读书很用功，12岁就取得府试第一名，20岁考上举人，27岁成进士入翰林院，三年后授为编修，从此开始了他的仕途生涯。

林则徐出身比较贫寒，对民间的疾苦较为了解。在他任职期间，他能够维护社会生产的发展，关心人民的生计。1820年至1831年，他先后在江苏、陕西、湖北、湖南、河南等地担任按察使和布政使，大胆地提出整治司法吏治、改革内政等主张。他还大力兴修水利，为民兴利除弊。他办事公正秉直，为官廉洁奉公，是一位深得人民群众爱戴的清官。

1837年，林则徐升任湖广总督，适值英国侵略者肆无忌惮地在中国贩卖鸦片。烟毒泛滥的祸害使人触目惊心，不仅沿海各省，就在内地也非常严重，当时人民强烈要求禁烟。清政府中一些爱国官员也纷纷提出禁烟的主张，但遭到守旧派官僚们的反对和阻挠，引起一场禁烟与反禁烟的论战。在这场论战中，林则徐是禁烟派的主将。

唐太宗教子爱民

唐太宗李世民（599—649），唐朝第二位皇帝，汉族，陇西成纪（今甘肃秦安）人，祖籍赵郡隆庆（今邢台市隆尧县）。他是中国历史上著名的政治家、军事家、书法家、诗人。

隋朝的第二代皇帝隋炀帝在位期间，残酷欺压百姓，荒淫腐化，使人民处于水深火热之中。农民起义如同燎原之火一样在全国蔓延开来，隋朝最终被推翻了。隋炀帝被人活活勒死，下场十分悲惨。

唐太宗目睹了隋朝的灭亡，深深地吸取了教训。所以，他当了皇帝以后，尽力减轻百姓的负担，不许官吏腐化，免得自己和自己的后代也落得个隋炀帝那样的下场。

他召集众大臣来，嘱咐说："我原在民间生活，很了解百姓疾苦。当了皇帝以后，办事总是小心谨慎。即使如此，仍然常常出现差错。太子自幼生活在皇宫中，每天吃喝玩乐，百姓的困苦他一概不知，将来处理国家大事很可能出错。所以，你们一定要好好帮助他啊！"

只要有机会，唐太宗就教导太子，要有自知之明，了解自己的弱点。

有一天，太子在湖中划船。正巧，唐太宗从湖边走过，就停住脚步。太子看到了父亲，就将船划到岸边，问："父皇找我有事吗？"

唐太宗问："你知道船是靠什么行走的吗？"

太子想了想，答："靠水，才能行走。"

唐太宗又问："你知道隋朝是怎样亡国的吗？"

太子想了想，说："隋炀帝残暴荒淫，大兴土木，迫害百姓，百姓就造反了。您顺应民心，乘势灭了隋朝。"

唐太宗听了，点了点头，说："你说得不错。可你知道吗？江河里的水好比是百姓，水上走的船好比是君王。水可以把船浮起来行走，也可以把船打翻，让船沉下去。我的意思是说，百姓可以使君王取得天下，百姓也可以使君王失去天下。"

太子说："父皇说得很深刻。"

唐太宗再次叮咛："千万千万记住这个道理啊！"唐太宗的原话是："水可载舟，亦可覆舟。"由于这句话道出了皇帝的真实处境，含有很深的哲理内涵，所以流传至今，成了一句不朽的名言。

唐太宗是想让太子知道，当皇帝的要知道自己的短处，不了解百姓，就容易作出错误的决定。

他对自己也是一样地看待，并不认为皇帝就是都对的，所以，他命令各级官员："今后，我发出的命令，若有不符合百姓利益的，或其他不合理的，希望大家能给我指出来，不得糊里糊涂地照办。"

■故事感悟

隋朝的灭亡，给唐太宗的内心刻下了深深的烙印。为了避免重蹈覆辙，唐太宗以真实的处境教育儿子明白"水可载舟，亦可覆舟"的道理，并希望他做一个有自知之明、爱护百姓的明君。

■史海撷英

契苾何力释敌

唐朝军队攻克高丽的辽东城后，又向白岩城进军。高丽从乌骨城派一万兵马增援白岩城，将军契苾何力率800名精锐骑兵阻击。契苾何力身先士卒，冲锋陷阵，被长矛刺中了腰。尚辇奉御薛万备纵马冲进抢救，从万人厮杀的战场救出契苾何力。契苾何力杀红了眼，包好伤口，又冲进战场拼杀。跟随他的骑兵也争相奋勇进击，大败高丽军队。契苾何力乘胜追出几十里，直到天黑才收兵。

契苾何力伤势很重，李世民亲自为他敷药包扎。后来查出刺伤契苾何力的高丽士兵叫高突勃，李世民就让人把高突勃带来交给契苾何力，让契苾何力亲手杀他。契苾何力说："我和高突勃素不相识，也没有冤仇。他为了他的君主冒死刺我，是忠诚勇猛的战士。"说罢，他毫不犹豫地释放了高突勃。

■文苑拾萃

公主换何力

早先，左领军将军契苾何力的母亲姑臧夫人和契苾何力的弟弟、贺兰州都督沙门居住在凉州，唐太宗李世民准许契苾何力回去省亲，同时安抚契苾部落。契苾何力回去后，发现部落的人都想归附薛延陀，他很吃惊，问道："大唐天子对我们恩重如山，为什么要叛离？"

部落里的人说："薛延陀越来越强大，老夫人和都督都已经过去了，将军也应该去。"

契苾何力说："沙门孝敬母亲，而我忠于主上。我绝不会跟你们去。"

契苾人便把契苾何力捉住扭送给薛延陀，推到真珠可汗夷男的牙帐前，契苾何力拔出佩刀大喊道："大唐忠诚勇士怎么能向敌人屈服？我的真心，天地可鉴！"

说着，他一刀把自己的耳朵割了下来。夷男怒不可遏，要杀死他。夷男的妻子百般劝阻，契苾何力才捡了一条命。

契苾部落叛唐的消息传到长安，李世民说："这肯定不是契苾何力的本意。"

有人说："这也难说，契苾何力到了薛延陀，如鱼得水。"

李世民坚定地说："绝对不会。契苾何力对大唐的忠诚就像铁石一样坚不可摧，他肯定不会背叛朕的。"

这时，有人从薛延陀那里回来，报告了详细情况。李世民听后，眼泪不住地流下来。他马上派使者到薛延陀，把新兴公主嫁给夷男，用公主换回契苾何力。

宰相子产受民爱戴

子产（？—前522），复姓公孙，名侨，字子产，又字子美，郑称公孙。春秋时期郑国的政治家和思想家，在郑国为相数十年。他仁厚慈爱，轻财重德，爱民重民，执政期间在政治上颇多建树，被清朝的王源推许为"春秋第一人"。

"宰相子产去世了！"郑国的百姓奔走呼号，传递着这一令人痛心的消息。

"宰相离开我们了，这是真的吗？"

"他不该死啊！"

"他死了，我们老百姓可怎么办啊！"

郑国的人民从四面八方汇集到宰相府，哭祭他们的宰相子产。

一时间，宰相府门前人山人海，哭声一片。青壮年号啕大哭，老年人也像无助的儿童一样泪流不止。子产的死，把所有的郑国人带入了一片悲痛的气氛中。

子产做宰相，深得人民爱戴。从做宰相的第一天起，他就下定决心让全国的老百姓都能过上好日子。

郑国的土地灌溉条件很差，遇到干旱的年景，农民的庄稼收成不好，老百姓就要忍受饥饿的折磨。子产任宰相后，亲自带领百姓兴修水利，疏通水道，灌溉农田。没过几年，郑国的田地就被治理得井井有条，水利设施井然有序，郑国人民的生产终于不再被旱涝所左右了。

"我们有这么完善的水利设施，完全都是我们的宰相子产给我们兴建的啊！"郑国的百姓对子产的政绩感激不已。

子产曾说："我是你们的宰相，为你们百姓做一些好事情是我的职责。"

子产宽厚爱民，对百姓的自由言论从不加以严厉限制，而是重在引导。郑国首都有一所乡校，人们总是到那里聚会、游玩。这样，常常很多人聚在一起，议论一些国家大事。

有一天，一位朝廷的大臣找到子产，建议说："我认为应该把乡校拆掉。"

"为什么？"子产不解地问。

"乡校对人教育意义不算大。再说，这么多人聚在一起评论时事，不是什么好事。"

"怎么不是好事？"

"这些人随意评论，胡说一通，有些歌颂国家的，有些却批评政事，有的指责大臣，甚至国君。这对国家没有好处，对您也不利呀！"

子产终于弄明白了这位大臣的意思，于是耐心地劝导说："我和你的看法不一样。人们议论国家，说明他们关心国家大事，我们不要制止他们说什么。他们说好话，我们听了，就认真地去执行；他们说坏话，我们也要听，我们可以改正或不做坏事。这样的议论，对我们大有用处啊！"

那位大臣又接着说："如果我们拆掉乡校，不好的言论自然就没有了，这不是很有效的吗？"

子产说："用强力制止人们的议论，不是长久之计。人们的不平憋在心里，早晚要爆发出来的。"

子产想了想，又说："这就好像防止河水，河水冲破河岸，出现大口子，就很难制止住。如果我们平时开个小口把水放掉一些，再加以疏导，就不至于让河水冲破河岸了。"

那位大臣茅塞顿开，急忙说："我明白了，关闭或拆毁乡校的办法，不如让它存在，让人们去议论，这更有利于我们治理国家啊。"

子产笑着点了点头，乡校终于在郑国保存下来。

子产以仁治理郑国，收效很大。他执政第一年，郑国就上下有序，尊老爱幼；执政第二年，人们言而有信；第三年，夜间不用关门，路不拾遗；第四年，人们把工具放在田里也没有人偷……

子产治理郑国共26年，深受人们的爱戴。所以，子产死后，出现了全国百姓哭祭的情景。

■故事感悟

子产的去世，让郑国出现了百姓哭祭的情景，这是十分难得的。作为一名宰相，子产热爱百姓，时常帮助周围的人，启发、教育他们，使他们明白更多的道理，把事情做得更好。

■史海撷英

子产拆墙

子产在外交方面，敢于同大国进行说理斗争，取得了很大的成功，为郑国赢得了尊严。有一次，他陪郑简公到晋国去，晋平公轻视郑国，故意不接见，也不派大臣招待他们，把他们扔在馆舍里就不管了。馆舍的大门很小，车马进不去，只好把车停在外面。子产吩咐随从人员，把晋国馆舍的围墙拆掉一段，让自己的车马全部进去。晋国的大夫士文伯跑来责备子产不该拆围墙，子产回答道："郑国是个小国，什么事都得听从大国的吩咐，不敢怠慢。这次我们国君亲自带着礼物，拜访贵国，不料你们一直不安排会见，又不知道什么时候可以会见。我们的礼物既不敢冒昧送去，又怕放在露天里风吹雨淋受到损坏。而招待来宾的馆舍简陋得像奴仆的住房，大门矮小得连车辆也进不去，我们不把围墙拆了，让车马进入馆舍院内，万一出了意外，你们不是又会加罪于我们吗？"一席话说得士文伯哑口无言。士文伯把子产的话报告给晋国执政大臣赵文子，赵文子听了，连忙让士文伯代他赔礼道歉。随后，晋平公十分隆重地接见了郑简公和子产，还举行盛大宴会，欢送他们回国。

□文苑拾萃

有远见的子产

子产是春秋后期郑国著名的政治家。他的父亲子国做过司马；父辈兄弟七人，先后掌握国家政权，号称"七穆"。子产从小受家庭的影响，年轻的时候就有一定的政治见解。

郑简公元年（公元前565年），子国、子耳带兵攻打蔡国，轻易地取得了胜利。郑国人都很高兴，夸奖子国有本事。只有子产不以为然，他对父亲说："郑国是个小国，一个小国不致力于治理好内政，而热衷于对外打仗，这是最危险的。蔡国是楚的属国，如果楚国替蔡国报仇，我们能打得过它吗？打不过就得投降。这样一来，北边的晋国又要来兴师问罪。晋国、楚国打来打去，我看四五年之内，郑国是不会安宁的。"子国听了很生气，骂道："你懂什么！国家大事自有正卿（相当于宰相的官职）做主，

小孩子随便议论是要杀头的。"果然，就在这一年冬天，楚国以郑国侵略蔡国为借口发兵讨伐郑国，郑国无力抵抗，屈服了。郑简公又怕晋国怪罪，赶快派人到晋国去解释。晋悼公气愤地说："楚国攻打你们，你们也不派个人来告诉我，既然你们投降楚国，我也管不着你们的事，我将带着诸侯在你们的都城下面和你们的国君见面。"转年冬天，晋国来攻打郑国，郑国又只好求和。晋国刚撤兵，楚国又来问罪。你来我往，闹得郑国几年不得安宁，事情果然发展到像子产曾经说过的那样。

张昭为国衷心直谏

　　熟悉三国故事的人都知道，吴国有一个反对联合刘备、抵抗曹操的谋臣，名叫张昭。但很少有人知道他曾冒死进谏，感悟孙权。

　　张昭原籍彭城（今徐州）。东汉末年，因中原战争频繁，民不聊生，徐州的士人便纷纷南迁，张昭一家也在这时到了江南。

　　当时孙策正在创立东吴大业，见张昭其人忠厚，并且有才干，就委以重任，选用他作长史，兼任抗军中郎将，文武大事一概托付给他办理。原为普通人的张昭为报孙策知遇之恩，恪尽职守，勤勉不怠，鼎力辅佐孙策，使东吴的事业蒸蒸日上。

　　英雄命短，在兴亡存废的关键时刻，孙策早逝。孙策在临终前，特意在卧帐内召见张昭，嘱咐他说：“我死后，我的弟弟就托付给你了，请你倾全力辅佐他。你们要并力同心，共图吴国大业！”张昭挥泪向孙策言道：“请君主放心，我会忠心辅弼仲谋（孙权的字）的！”

　　孙策死后，张昭以自己的威望率领众臣拥戴孙权为君主，做了许多安抚工作，使吴国很快稳定下来。

　　有一次，辽东太守公孙渊派使者到东吴，表示愿意向东吴称臣。孙权听后十分欣喜，不假思索，就想立即派人去辽东封公孙渊为燕王。

　　张昭得知后，急忙赶到孙权的身旁，对他说："公孙渊这个人反复无常，靠不住。他新近因惹怒了魏国，惧怕魏国，才远道而来，欲和我们结交，称臣并不是他的本意。如果公孙渊一旦改变主意，投靠魏国，那么我们派去的使臣就成了他的见面礼，我们东吴也将成为人们讥讽的对象。"

　　孙权不同意张昭的看法，两个人争得面红耳赤。孙权最后按捺不住了，按着刀柄怒气冲冲地说道："我的主意已定，任何人都不得忤逆我。如果你再执意激怒我的话，我恐怕要做出控制不住自己的事情了！"

　　张昭这时也激动地说道："我出于一片愚忠直言劝谏，实在是由于你哥哥临终的嘱托呀！"说着就痛哭起来，哭得泪水横流。见张昭如此，孙权木然地站在那里，没有说什么。

　　最终孙权还是派人去了辽东。张昭见孙权如此一意孤行，十分气愤，于是假托有病，不去上朝。这一举动更加惹怒了孙权，他就派人用土封住了张昭家的大门。

　　不久，公孙渊杀了东吴使臣的消息传回了吴国，孙权才知道自己错了，感到愧对张昭，决定亲自去向他道歉。

　　这一天，孙权很早就来敲张昭的家门，张昭却推托病重在床，不见孙权。孙权在门外冲着门里喊道："我是来向你认错的，你要是不开门，我就不走了！"孙权在萧瑟的秋风中站了好久，张昭感动了，拖着虚弱的身子来开门。门一开，两个人便相拥在一起，各自的脸上都挂满了泪痕。

　　以后，张昭又继续上朝，仍然经常直言相谏，忠心耿耿地辅弼孙权。张昭死后，家人遵照他的遗嘱，只用一条白绢束头，用粗糙的棺木盛殓了他。出殡那天，孙权身着白色丧服亲临吊唁。

在君主专制下，进逆耳忠言是要冒极大危险的。张昭冒死进谏，虽然未能阻止孙权的失误，却促使孙权弥补自己的过失，不失忠臣本色。

■故事感悟

张昭为了国家的利益，不怕得罪孙权而以死相谏，虽然当时孙权并没有意识到自己的错误，但在事实面前，他能放下君主的架子，亲自去向张昭认错，求得张昭的原谅，这也是难能可贵的。

■史海撷英

功名在我

东汉献帝兴平二年（195年）冬天，殄寇将军孙策在江东创建基业。他任命广陵人张纮为正议校尉，彭城人张昭（字子布）为长史，经常让他们一个人留守，一个人跟随自己出征。

孙策以老师和朋友的礼节对待张昭，行政与军务大事全都委托他处理。张昭经常收到北方士大夫的书信，信中把江东的政绩都归功于张昭。他想把书信藏起来，但又担心别人说他有隐私，说出来又觉得不合适，为此进退两难，惶恐不安。孙策知道后，高兴地说："从前管仲在齐国为相，大小事都由他做主，而齐桓公终于成为五霸之首。如今，张子布为人贤明，我能任用他，最后的功名还不都是属于我吗？"

张昭这才放下心，尽心竭力地辅佐孙策。

■文苑拾萃

张昭罢饮

吴王孙权和大臣们在武昌钓台上饮酒作乐，群臣都喝得酪酊大醉。孙权让侍从往大臣身上洒水，使他们清醒过来。

　　"今天我们来畅饮一番，不醉倒在钓台上不停杯！"孙权兴致勃勃地对大家说。

　　"好，好！大家来个一醉方休！"群臣都举杯附和着。

　　只有绥远将军张昭板着面孔，一言不发地走了出去。

　　孙权觉得很奇怪，连忙派人叫回张昭，问他："大家只是一起乐一乐，子布为什么发怒？"

　　张昭严肃地说："以前商纣王建糟丘和酒池，通宵达旦地痛饮美酒，当时他也觉得很快乐，没想到有什么不好的地方。"

　　孙权听了，不觉脸一红。默然良久，最终他下令停止酒宴。

倪若水为民上奏

倪若水（661—719），字子泉，唐代藁城人。进士出身，开元初官至中书舍人、尚书右丞，后调其出京，任汴州刺史。期间，修孔庙，倡教育，兴办州学、县学，汴州百姓称颂不已。

时值初春季节，农夫耕田，蚕妇采桑。乡下人无暇赶集，平日里热闹非凡的汴州城变得异常宁静，街道上行人不多，只有三三两两的差役不时走过。

这天，街上来了一群身着奇装异服的人，他们悠闲自得，一边说笑打闹，一边观赏着街道两旁琳琅满目的店铺。这些来自京城的"钦差大臣"们，早就知道汴州一带风光秀丽，今天又看到这儿社会稳定，秩序井然，更觉得汴州是个游玩的好地方。

"朝廷派人来了！"差役急忙跑来报告刺史倪若水。

倪若水已任汴州刺史多年，他治理有方，汴州一带比周围其他地区的治安要好得多。他听说朝廷的人来到汴州城，以为一定有什么大事，赶紧出来迎接。

可这批"钦差大臣"住下之后，并没有传达皇上的什么命令，只是以钦差大臣的派头每日饮酒作乐，要鱼要肉，招待稍微不周就吹胡子瞪眼睛。还整天出入于汴州城内外，有时骑马射猎，肆意奔驰在老百姓的农田里，糟蹋了无数的禾苗；有时又去乡下的农民家里搜寻宝物，见到比较珍贵的东西就强行抢走，破坏了人们安宁的生活。百姓们怨声载道："这些人到底要干什么？""我们的刺史怎么不阻止他们？"

原来，这伙人是唐玄宗派出来采集奇花异草和珍禽异兽的。

倪若水对这些人的行为虽然非常不满，却又不能赶走他们。可又不能让他们再待在这里骚扰老百姓，破坏社会安宁，怎么办呢？

一天，倪若水早早地来到他们的住处，向钦差大人们请安。

"大人，不知您为宫廷采集到了什么珍奇宝物？"寒暄过后，倪若水问领头的太监。

"我们这次主要是奉皇上的命令，到江南去找紫鸳鸯的，路过你们汴州，这里很好啊！"太监傲气十足地说。

"据我所知，我们汴州地区根本就没有紫鸳鸯，大人可别误了皇差呀。"倪若水乘机说道。

太监听了倪若水的话，明白了他的言外之意：汴州没有紫鸳鸯，你们这些人该走了。

太监一向深得皇上的宠爱，从来不把地方小官吏放在眼里，便带着威胁的口吻说："倪刺史，你听着，我们是为皇上办事的，在路上必须吃好住好。如果谁敢对我们不好，我们回去告诉皇上，那他肯定没有好下场的。"

倪若水听到这个家伙仗着是皇上派出的人居然如此蛮横，非常气愤："如果你们为了寻找紫鸳鸯，就不顾老百姓的喜怒好恶，岂不是贱人贵鸟吗？就不怕失去民心吗？"

太监阴阳怪气地说道："我们贱人贵鸟，你又能把我们怎么样？民心，民心算什么？"

倪若水知道和这些不可一世的家伙是无法论出是非的，于是，他给皇上写了一份奏折，汇报那些为皇上采集珍物的人，如何仗着皇上的权势沿途要求地方官以好酒好肉侍候。他们贱人贵鸟，骚扰百姓，不守法纪，借为皇上收集珍物的名义，对老百姓敲诈勒索。他劝皇上不要贱人贵鸟，以免激起老百姓的不满，降低皇上的威信，危及大唐江山。

唐玄宗看了倪若水的奏折，了解到派出去的人的行为，非常生气，立刻传下圣旨，取消采集珍奇异物的活动，并处罚了那些横行霸道、仗势欺人的太监。

唐玄宗非常赏识倪若水的才学和胆略，很快便把他调到京城，负责地方的民政事宜。

倪若水以民为重，重视民心、民情，成为时人称颂的父母官。

故事感悟

历朝历代被皇帝派下公干的人，都享受着一定的特权，因此也就出现了无法无天的官员，令地方官敢怒不敢言，更别说老百姓了。但也有许多有正义感的地方官，为了国家和百姓去参劾这些不法之人的，倪若水就是其中一位。好在唐玄宗是一位比较明智的皇帝，看到了倪若水的奏折后，处罚了那些仗势欺人的太监。